GIACOMO BRUNO

RALLY TRADING
Il Più Efficace Metodo di Trading
per Bitcoin e Critpovalute

Dedico questo libro... al tuo futuro!

Titolo

"RALLY TRADING"

Autore

Giacomo Bruno

Editore

Bruno Editore

Sito internet

http://www.brunoeditore.it

Sommario

Introduzione

Negli ultimi mesi Bitcoin è crollato del 70%. Ma non è la prima volta. Negli ultimi otto anni, Bitcoin è "crollato" decine di volte ma, a dispetto di quello che dicono giornali e telegiornali, non è mai morto. Anzi, è più vivo che mai.

Il dato di fatto è che, nonostante queste montagne russe, tipiche delle criptovalute, *4.000 euro investiti in Bitcoin nel 2010 oggi valgono oltre 400 milioni di euro.*

Sì, hai letto bene. Questa moneta all'inizio è stata quotata 0,0769 dollari, ovvero 7 centesimi di dollaro, e oggi ne vale più di 7.000. Parliamo di una *moltiplicazione di oltre centomila volte*, un risultato incredibile, una crescita straordinaria in pochissimi anni.

Ti piacerebbe poter tornare indietro nel tempo per essere nel 2010? Fa sorridere questo screenshot di un forum su Bitcointalk in cui un ragazzo racconta di aver ordinato, nel 2010, delle pizze a casa, pagandole 10.000 Bitcoin, che allora erano una quarantina di dollari e oggi valgono invece 70 milioni di dollari. Decisamente le pizze più costose della Terra.

La verità è che i soldi investiti in Bitcoin, in questi anni, si sono moltiplicati di centomila volte. Un dollaro è diventato centomila dollari, dieci dollari sono diventati un milione di dollari. Opportunità come queste capitano una sola volta nella vita e quindi è un argomento che devi conoscere, che devi studiare.

Si tratta di un'opportunità che, come vedremo, è ancora aperta. Però voglio farti una premessa: questo non vuol dire che diventeremo tutti ricchi. Tanti utilizzano questa informazione per dirti "tranquillo, diventerai ricco anche tu, investi adesso mille dollari che diventeranno un miliardo di dollari tra qualche anno!" Magari sì, ma anche no, non possiamo avere nessuna certezza. È risaputo che i dati storici non sono una garanzia per il futuro.

Io credo molto nell'etica del lavoro e dell'insegnamento e ti voglio insegnare le informazioni corrette, in modo che tu là fuori possa anche difenderti da truffe, fregature, false promesse.

Non abbiamo nessuna certezza di diventare anche noi miliardari come chi è diventato miliardario in passato, però non vuol dire che il treno sia passato, perché a mio giudizio i momenti migliori di sempre per investire in Bitcoin sono solo due: nel 2010 e oggi.

Sì, questo è uno dei momenti migliori di sempre. È l'anno in cui Bitcoin, Blockchain e criptovalute sono termini entrati nel vocabolario comune. Tutti ne parlano e il fenomeno deve ancora essere adottato dal 99% della popolazione. Bitcoin può ancora fare tanto e le altre criptovalute possono fare tantissimo. Addirittura un grosso imprenditore, John McAfee, il creatore degli antivirus, ha detto: «Se Bitcoin non arriva a cinquecentomila dollari mi mangio le *palle* in diretta TV».

Sì, ha detto proprio così, un'affermazione forte, è un imprenditore un po' eccentrico, ma anche una persona che ha visto delle

rivoluzioni nel mondo dell'informatica e che ha visto in Bitcoin una rivoluzione.

E chi meglio di Bill Gates, che le rivoluzioni nel campo dell'informatica le ha create? Ha creato il sistema operativo numero uno al

mondo, è l'uomo più ricco del mondo e ha detto: «Bitcoin è inarrestabile». Appunto, Bitcoin è inarrestabile.

Buona lettura,
Giacomo Bruno

Capitolo 1:
Capire il mondo delle criptovalute

Se comprendi a fondo il mondo delle criptovalute, allora il metodo di Rally Trading™ ti sarà molto facile da applicare. Negli ultimi mesi l'ho insegnato a migliaia di persone attraverso i miei webinar gratuiti e attraverso il RallyClub™, il nostro servizio di formazione in abbonamento (info su http://www.rallytrading.it/club). Abbiamo riscontrato risultati davvero notevoli anche in persone che non avevano mai fatto trading con le criptovalute prima di allora.

In questi mesi, quello che è successo già solo nel nostro piccolo mondo del Bitcoin è incredibile. Più di 12.000 membri su Facebook, 4.000 persone che ci seguono sul canale Telegram e centinaia di persone iscritte al nostro RallyClub™. Qui insegniamo e formiamo le persone a fare trading nelle criptovalute, con ottimi risultati, che abbiamo anche pubblicato online per totale trasparenza. Perché quello che è successo, è che ho semplicemente individuato una serie di schemi che si ripetono giorno dopo giorno e che funzionano. Perché le criptovalute hanno un loro funzionamento, una loro psicologia che si ripete molto spesso. E per questo partirò dalle basi.

SEGRETO n. 1: il Rally Trading nasce dall'aver individuato una serie di schemi, specifici delle criptovalute, che si ripetono giorno dopo giorno.

Prima di farti una panoramica sul Bitcoin, su quali sono i rischi, su come comprare e su quali sono le strategie di Trading, voglio farti una piccola premessa. Tutto quello che ti dirò in questo libro rappresenta la mia opinione e la mia esperienza personale e ha solo scopo formativo. Non è sollecitazione a investire, non mi interessa che tu investa o non investa in Bitcoin, perché non sono qui per darti consigli finanziari.

Il mercato del Bitcoin è ancora nuovo, nonostante abbia quasi 10 anni, quindi, mi raccomando, se deciderai di investire, di fare dei passi, di studiare, di iscriverti ai siti di exchange, sappi che è un mercato rischioso perché le criptovalute, come vedremo, si muovono tanto verso l'alto quanto verso il basso. Sì, è vero, possono crescere velocemente ma, per la loro stessa natura, possono anche scendere velocemente. Pertanto il tuo primo obiettivo deve essere formarti e prendere consapevolezza di questo settore per poterlo padroneggiare.

Ma qual è la natura del Bitcoin? Innanzitutto è una criptovaluta, questa è la definizione, cioè una moneta digitale criptata, rappresentata da una serie di codici, che si muove e vive nel web.

Di fatto è un mezzo di scambio, le persone possono scambiarsi Bitcoin e possono comprare con i Bitcoin, ma è anche uno strumento di speculazione: le persone fanno trading, speculano come investitori, per aumentare i propri guadagni e i propri profitti.

Vediamo quali sono i vantaggi di Bitcoin e, in generale, di tutte le criptovalute. Sì, perché oltre ai Bitcoin ce ne sono tante altre, di cui più tardi ti parlerò, che sono decentralizzate, cioè che non passano dalla banca. Mentre oggi i soldi vengono emessi e depositati in una banca, in questo caso la banca siamo noi, sei tu, ci scambiamo le criptovalute come se fossimo noi stessi la banca, e di fatto il potere è in mano alle persone e non a qualche sede centrale che gestisce i nostri soldi. Siamo noi a gestire i nostri soldi.

Questo sicuramente è un grande punto a favore delle persone. Inoltre i Bitcoin sono rapidi, puoi spostare la valuta in un attimo, sono economici, sono pseudo-anonimi, sono criptati e insequestrabili, perché comunque nessuno può toccare la tecnologia che c'è dietro ai Bitcoin, nessuno può bloccare i conti o altro.

Pensa ad esempio a un bonifico, che ci mette due o tre giorni ad arrivare, o a un pagamento con carta di credito, che spesso è oneroso anche per l'esercente che incassa i soldi: tutta una serie di svantaggi che le criptovalute hanno risolto.

Di contro ci sono anche degli svantaggi, ovvero che le cripto al momento non hanno nessuna regolamentazione e quindi, non essendo regolamentate, subiscono forti oscillazioni verso il basso e verso l'alto. Inoltre è comunque una tecnologia nuova, che pertanto potrebbe non prendere piede (in realtà ha già preso piede, come vedremo) e c'è il rischio di fregature: non essendoci una regolamentazione, ci sarà sempre chi cercherà di rubarti i Bitcoin in ogni modo. Come d'altra parte succede anche con i soldi tradizionali.

Tuttavia, seguendo le giuste strategie, cercando di conoscere al meglio questo mondo e affidandoti a siti sicuri, sicuramente il rischio di insidie diminuisce. Prima di fare qualsiasi mossa, formati.

SEGRETO n. 2: oltre ad avere dei vantaggi, le criptovalute nascondono delle insidie ma, seguendo le giuste strategie e, soprattutto, formandoti, diminuirai il rischio di prendere una fregatura.

Perché le criptovalute stanno cambiando l'economia mondiale? Qual è la differenza che fa la differenza? Del resto si tratta di una nuova moneta, non di una rivoluzione. La vera rivoluzione si chiama Blockchain, che è un database di computer dove il database siamo noi.

In altre parole, siamo noi le banche, siamo noi i computer, siamo noi la struttura informatica sulla quale le monete si spostano, e tutte le transazioni vengono registrate su questa catena di blocchi, la Blockchain. Pertanto la Blockchain è di fatto un registro pubblico, distribuito su migliaia di PC, che è inattaccabile, crittografato – protetto da crittografia – e inalterabile, perché, anche se un computer venisse compromesso da un hacker, ci sarebbero altre migliaia di computer che contengono le informazioni corrette.

Ciò significa che per bucare la Blockchain, bisognerebbe bucare tutti i computer su cui si appoggia, un lavoro impossibile; per questo motivo è molto sicura, più dei server di una banca. Infatti una banca ha i suoi computer e, se venissero bucati, sarebbe un bel problema. Questa Blockchain può rivoluzionare il modo di creare registri, database e quant'altro, al di là delle monete.

A chi appartengono i computer? Ai miner, i minatori, anche se oggi sono poche le persone che lo fanno per conto proprio, infatti ci sono delle vere e proprie Mining Farm, cioè delle aziende che hanno decine e decine, se non centinaia, di computer dedicati alla creazione di Bitcoin, alla risoluzione dell'algoritmo con cui i Bitcoin finiscono nella Blockchain. In cambio hanno solo un guadagno in Bitcoin, ossia le famose tariffe che paghiamo per trasferire Bitcoin da una parte all'altra. Tuttavia il business redditizio non è fare i minatori, ma capire l'opportunità dei Bitcoin.

Ciò che sta cambiando l'economia non è il Bitcoin, ma la Blockchain, la tecnologia che ci sta dietro. Il valore del Bitcoin è dato da questo, non solo dallo scambio e dalla speculazione, ma dal fatto che dietro c'è una tecnologia veramente potente che sta rivoluzionando il mondo. Stanno nascendo migliaia di

15

applicazioni che sfruttano la Blockchain. Facciamo l'esempio dei registri immobiliari. Immagina se, invece di avere il catasto, dove puoi aspettare mesi per avere una pratica, fosse tutto registrato su una Blockchain: sarebbe immediata, raggiungibile da tutti, inalterabile, incorruttibile e non ci sarebbero bustarelle. E così per qualsiasi altro ramo della pubblica amministrazione, per le banche e per qualsiasi database, anche aziendale. Cambierebbe veramente il mondo.

Ad esempio, da pochi mesi è nato il progetto Skillchain™ (http://skillchain.io), un nuovo protocollo che ti dà la possibilità di mettere sulla Blockchain la tua formazione, i tuoi attestati, i tuoi certificati, i tuoi titoli di studio, allo scopo di avere un curriculum certificato. La Blockchain cambierà il mondo del lavoro, dell'economia, della finanza e veramente tutto quanto. Ecco dov'è il valore di tutto. E, in un mondo che va così veloce, questa è una tecnologia rivoluzionaria.

Inoltre la moneta digitale è comoda: se vuoi trasferire dei soldi dall'altra parte del mondo, lo puoi fare in pochi secondi con un click. Con altri sistemi è difficilissimo, pensa ai Paesi in via di sviluppo, che oggi puoi raggiungere con Western Union o con analoghi servizi di trasferimento di denaro che hanno commissioni altissime e tempi di trasferimento dei soldi molto lunghi. Con la criptovaluta, invece, le commissioni sono esigue ed è tutto immediato, diverso da tutto quello che conosci.

SEGRETO n. 3: ciò che sta cambiando davvero l'economia non è il Bitcoin, ma la tecnologia che gli sta dietro, la Blockchain, una tecnologia estensibile ad altri campi oltre a quello della valuta e che rappresenta il futuro.

È un futuro certo, anzi, è già il presente, quindi la direzione in cui si va è questa. È come quando è nata internet, che all'inizio sembrava una rivoluzione, ed era comoda, era per gli utenti, funzionava e rappresentava un futuro certo, perché dava potere alle persone.

Perché il prezzo del Bitcoin cresce così velocemente? Il prezzo del Bitcoin sale e scende vertiginosamente, ciò appartiene all'ambito delle normali fluttuazioni cui sono soggette le criptovalute. Rimane però una base importante, fondamentale, ossia che la domanda è maggiore dell'offerta. In tanti vogliono una cosa, in pochi la vendono e il prezzo aumenta; è un dato di fatto, come per l'oro, i diamanti e qualsiasi altro bene prezioso.

Tieni presente che i dati sono quelli che seguono. Coinbase, il sito su cui si acquistano Bitcoin, fa centomila nuovi account di investitori in 24 ore. Addirittura ultimamente ha avuto delle punte di trecentomila nuovi account al giorno, trecentomila persone che vogliono comprare Bitcoin. Ma quanti sono questi Bitcoin da comprare? Sono pochi, perché innanzitutto sono in numero massimo di 21 milioni di pezzi. Così ha voluto Satoshi Nakamoto, il creatore anonimo di Bitcoin (nessuno sa chi sia realmente): non possono essere emessi più di 21 milioni di pezzi.

Se poi consideriamo che alcuni Bitcoin devono ancora essere emessi, e lo saranno da qui ai prossimi cento anni, che alcuni sono dispersi da qualche parte e che la maggior parte delle persone che li possiede non li vuole vendere sperando di guadagnare sempre di più, il risultato è che la domanda supera l'offerta e il prezzo sale.

SEGRETO n. 4: la quotazione dei Bitcoin segue la normale dinamica della domanda e dell'offerta, quindi la crescita del prezzo dei Bitcoin è dovuta a un eccesso di domanda rispetto all'offerta.

Osserva il grafico, guarda la velocità esponenziale: all'inizio, per raggiungere i primi mille dollari, ci volevano ottocento giorni, poi, per i secondi mille, novecento, quindi 56, 6, 44, 13, 4 giorni per una crescita di mille dollari, e questo negli ultimi mesi. Ed è incredibile, è un'opportunità senza precedenti.

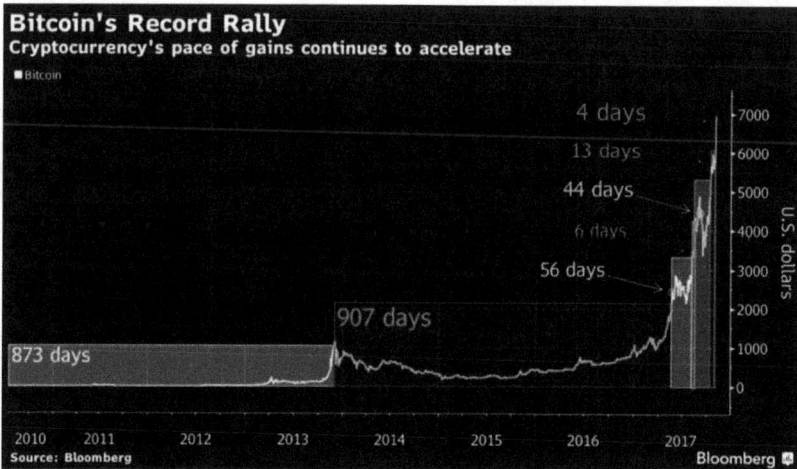

Bitcoin's Record Rally
Cryptocurrency's pace of gains continues to accelerate

E sembra anche troppo bella per essere vera, tanto che viene da chiedersi se non sia una bolla pronta a scoppiare, se non sia una valuta che usano i criminali, oppure illegale, o con cui non ci si compra nulla di reale. Cerchiamo di sfatare alcuni di questi falsi miti.

Il primo falso mito, "è una bolla che scoppierà", è veramente incredibile. Se cerchi *"Sole 24 Ore bolla Bitcoin"* su Google, troverai un articolo che dice: «Il Bitcoin sta scoppiando perché ha superato i 10 dollari». Poi uno dell'anno successivo che recita: «Il Bitcoin sta scoppiando, ha superato i 100 dollari» e così via, per ogni anno. Si dice sempre che sta scoppiando. Ma se ogni anno continua a crescere, forse non si è accorto di essere una bolla.

Il problema è che le persone confondono il grafico classico delle bolle finanziare (come la bolla delle Dot-com degli anni Duemila) con il tasso di adozione di una nuova tecnologia. Se vai a vedere il tasso di crescita di Facebook, ti accorgerai che è stato esponenziale esattamente come quello del Bitcoin, ma non è scoppiato: non è che Facebook abbia toccato i due miliardi di utenti per poi tornare a cinquecento milioni.

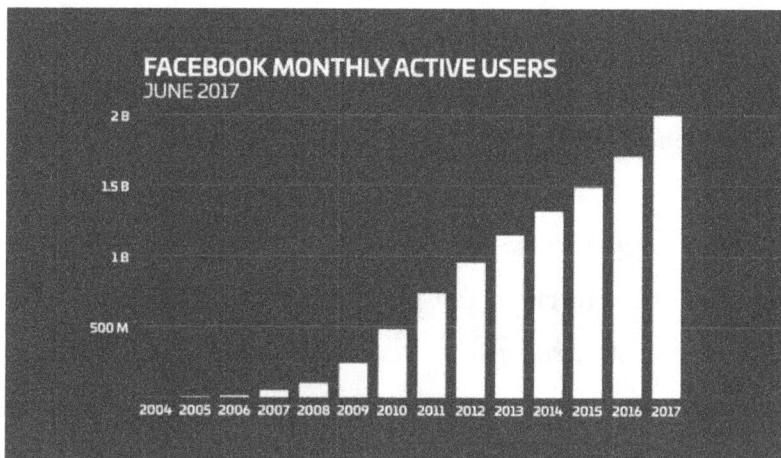

FACEBOOK MONTHLY ACTIVE USERS
JUNE 2017

Forse si stabilizzerà, forse la sua crescita si arresterà perché prima o poi le persone finiranno, ma quando si adotta una nuova tecnologia, le persone aumentano in maniera esponenziale, punto e basta. Non è detto che una crescita debba per forza scoppiare. Può diminuire, può avere delle oscillazioni, è pur sempre una criptovaluta, ma bisogna capire che, anche in caso di discesa, ci sono delle opportunità, ad esempio guadagnare dalla discesa.

Non ho paura di un possibile scoppio a zero del Bitcoin, innanzi tutto perché non lo vedo probabile (ma questa è la mia opinione personale), poi perché, anche in caso di discesa o crollo del prezzo, ci sarebbero le strategie per sfruttarli. Una delle cose di cui parliamo nel RallyClub™, in tema di trading, è proprio questa: come guadagnare dalla discesa delle criptovalute.

Un altro falso mito è che si tratti di una valuta "usata dai criminali". È vero che nel 2010, ai primordi del Bitcoin, è nato Silk Road, un *anonymous marketplace*, una sorta di Ebay anonima dove si vendevano armi, droga e altre merci illegali che si pagavano in Bitcoin, ma questo non ha nulla a che fare con i Bitcoin, tant'è che, tra l'altro, i responsabili sono stati sbattuti in cella. Però nell'immaginario collettivo persiste l'idea che il Bitcoin sia in qualche modo associato a traffici anonimi, ma è appunto un falso mito.

Qualcuno pensa che non possa essere usato nella vita reale ma, in verità, proprio l'altro giorno ho visto un immobile in vendita in Bitcoin, e si poteva comprare solo in Bitcoin. Si trattava di una casa a Miami, ma so che anche in Italia ci sono delle agenzie che lavorano in Bitcoin. Per non parlare dei tanti siti in cui si può pagare in Bitcoin, o dei corsi di formazione in cui si può pagare in Bitcoin, anche sul nostro sito; perciò si possono assolutamente usare nella vita reale, perché vengono comunque scambiati come se fossero soldi.

Il Bitcoin diventerà illegale? Ogni tanto salta fuori che la Cina ha vietato le ICO, il lancio di nuove monete, o che un giorno renderà il Bitcoin illegale. Be', se è per questo, la Cina ha bloccato anche Facebook, quindi non è un riferimento attendibile, anche se in effetti non ha bloccato il Bitcoin e, anzi, ha sviluppato la propria criptovaluta. Insomma, stiamo parlando veramente di mondi opposti.

Ci sono criptovalute che stanno nascendo in ogni parte del mondo, anche le istituzioni stanno creando le proprie criptovalute, così come le banche, e per una volta stanno agendo in maniera saggia, perché quando capisci che una tecnologia non la puoi ostacolare, non puoi fare altro che cavalcarla. Pertanto anche le banche e le istituzioni stanno cavalcando quest'onda, creando le proprie criptovalute.

SEGRETO n. 5: molti pensano che i Bitcoin siano una bolla pronta a scoppiare, oppure una valuta usata dai criminali, o

illegale, o con cui non si possa comprare nulla, ma sono tutti falsi miti che devono essere sfatati.

Infatti il Bitcoin è come internet, non si può spegnere, non si possono staccare tutti i computer del mondo e far crollare le linee. L'unica cosa che si può fare è capire come funziona.

Nel caso dei Bitcoin, la prima cosa da fare è capire come comprarli. Se decidessi di comprare Bitcoin, dovresti rifarti a un *wallet*. Il wallet è un portafoglio elettronico sul quale puoi depositare euro e ottenere Bitcoin in cambio. Il più famoso è Coinbase, ma ci sono molti altri siti, come Blockchain.info, Spectrocoin ecc.

Noi usiamo Coinbase semplicemente perché è il numero uno al mondo e sicuramente dà maggiore fiducia e sicurezza. È come se fosse una banca – anche se naturalmente non ha la stessa regolamentazione di una banca – in cui apri un conto corrente e depositi i tuoi euro, che poi puoi trasformare in Bitcoin, in criptovaluta, come se fosse un exchange dell'aeroporto. Quando vai in Inghilterra scambi gli euro con le sterline o, se vai negli

Stati Uniti, con i dollari; è la stessa cosa.

A questo punto, cosa puoi fare? La strategia primaria è tenerli, *hold* ("mantenere"), ossia tenere i Bitcoin nel wallet e aspettare che con il tempo crescano di valore. Ovviamente, se tu l'avessi fatto nel 2010, come sappiamo, saresti milionario. Se invece lo facessi adesso, sarebbe difficile fare previsioni esatte; in questo momento il Bitcoin è molto volubile. Personalmente mi aspetto un rialzo, ma anche questa è solo la mia opinione personale, e nessuno può dire con certezza se arriverà a 500.000 dollari o più, come prospettano alcuni guru della finanza internazionale.

Però puoi fare anche un'altra cosa, quella che facciamo nel nostro Club, ossia comprare altre cripto. Puoi usare il Bitcoin per scambiarlo con altre criptovalute, e questo si fa negli exchange dove – a differenza dei wallet, in cui trasformi gli euro in Bitcoin – puoi trasformare i Bitcoin in tutte le altre criptovalute. I più famosi sono Binance, Kucoin, Bitfinex e così via. Alcuni, proprio a causa delle tante iscrizioni, hanno chiuso alle nuove iscrizioni, altri ogni tanto vanno un po' in difficoltà, ci mettono tempo a riconoscere i documenti, ma alla fine si riesce a iscriversi.

Pertanto l'altra strategia consiste nel comprare le *altcoin*, le coin alternative, fondamentalmente le altre criptovalute, ad esempio Ethereum, Litecoin, Bitcoin Cash, Monero, EOS, IOTA, NEO, Ripple, e attendere che una di queste diventi il futuro Bitcoin. Infatti queste monete, che oggi partono da 1 dollaro, o da 0,1 dollari, magari tra qualche anno varranno 1.000, 5.000 o 10.000 dollari. Non puoi sapere quale di queste lo farà, o se ne uscirà una nuova, ma se inizi a possedere un po' di queste monete e le tieni nel tuo portafoglio, magari potresti aver scelto quella giusta. Tuttavia personalmente preferisco avere in mano il mio destino, più che affidarmi alla speranza.

Ecco perché la terza strategia consiste nel fare trading vero e proprio. Trading vuol dire fare compravendita di criptovalute per massimizzare i profitti sul breve periodo o come forma di investimento. Quello che facciamo nel Club è applicare una strategia molto semplice, creata, sviluppata e pensata da me per le criptovalute: sono partito osservando i mercati e notando che ci sono degli schemi che si ripetono ogni volta. Questa strategia si chiama Rally Trading.

RIEPILOGO DEL CAPITOLO 1:

- SEGRETO n. 1: il Rally Trading nasce dall'aver individuato una serie di schemi, specifici delle criptovalute, che si ripetono giorno dopo giorno.

- SEGRETO n. 2: oltre ad avere dei vantaggi, le criptovalute nascondono delle insidie ma, seguendo le giuste strategie e, soprattutto, formandoti, diminuirai il rischio di prendere una fregatura.

- SEGRETO n. 3: ciò che sta cambiando davvero l'economia non è il Bitcoin, ma la tecnologia che gli sta dietro, la Blockchain, una tecnologia estensibile ad altri campi oltre a quella della valuta e che rappresenta il futuro.

- SEGRETO n. 4: la quotazione dei Bitcoin segue la normale dinamica della domanda e dell'offerta, quindi la crescita del prezzo dei Bitcoin è dovuta a un eccesso di domanda rispetto all'offerta.

- SEGRETO n. 5: molti pensano che i Bitcoin siano una bolla pronta a scoppiare, oppure una valuta usata dai criminali, o illegale, o con cui non si possa comprare nulla, ma sono tutti falsi miti che vanno sfatati.

Capitolo 2:
Cos'è il Rally Trading

Il Rally Trading è il primo metodo operativo per "tradare" con le criptovalute. In questo capitolo vedremo nel dettaglio di cosa si tratta, com'è nato e perché funziona. Partiamo subito da una doverosa raccomandazione: queste strategie hanno scopo formativo e non garantiscono risultati certi, pertanto, prima di investire, informati, studia e fai simulazione.

Ci tengo a darti questo messaggio per totale trasparenza, perché, in tutti questi mesi di trading in generale, ho fatto tanta esperienza, in termini positivi ma anche in termini negativi. Ho imparato dai miei stessi errori, che mi sono costati un sacco di soldi. Ma sono proprio questi errori che mi hanno permesso di scoprire determinate strategie e di darti un metodo che sta dando risultati davvero importanti.

Innanzitutto, cos'è il Rally Trading? È una strategia che ho ideato nel dicembre 2017 per sfruttare i forti e repentini aumenti di prezzo, i cosiddetti rally, propri delle criptovalute. Le criptovalute sono rischiose, ma avendo questi picchi così alti e così bassi, possono diventare delle grandi opportunità di investimento. Perché? Perché possiamo cogliere questi picchi, identificarli e guadagnare proprio sulle violente risalite che subiscono queste monete.

Invece cosa *non* è il Rally Trading? Innanzi tutto non è l'analisi tecnica tradizionale. Non si usano i classici indicatori dell'analisi tecnica. E non è neanche analisi fondamentale. Non necessariamente ci interessa sapere quale sia il progetto che sta dietro a una moneta perché, come vedremo, il punto non è il progetto. Molto spesso i progetti sono buoni, specie quelli delle monete più famose, ma allora dovrebbero crescere e basta.

Ovviamente non è così, l'analisi fondamentale ha un senso fino a un certo punto, ma poi c'è una serie di leve psicologiche che nelle criptovalute sono molto forti e che fanno schizzare verso l'alto un titolo. Ed è su quelle che andremo a lavorare.

Non sono neanche strategie del Forex adattate alle criptovalute. Il Forex è il mercato delle valute dove si scambia euro con dollaro e così via. Anche qui si parla di valute, ma le strategie del Forex, che pure funzionano sulle cripto, non hanno nulla a che fare con il Rally Trading, che è nato esclusivamente per le criptovalute.

SEGRETO n. 1: il Rally Trading è una strategia ideata esclusivamente per le criptovalute che permette di sfruttare i forti e repentini aumenti di prezzo, i cosiddetti rally, propri di queste monete.

Ti mostro qualche esempio di rally che c'è stato negli scorsi mesi. Bitcoin Cash è passato da 1.700 dollari a 3.600 dollari in tre giorni, +106%, un risultato davvero incredibile. E ancora, Bitcoin è passato da 8.000-9.000 dollari a 17.000 dollari in otto giorni, è quasi raddoppiato. Ancora, Litecoin è passato da 98 a 400 dollari in cinque giorni, +308%, Ethereum da 416 a 750 dollari, con una crescita fatta di rally, di sbalzi improvvisi, non una crescita lineare.

Ethereum: da 416$ a 750$ in 4gg (+80%)

O ancora, IOTA, passata da 1,5 a 5,5 dollari in tre giorni, +266%, e un altro rally che, in tre giorni, ha regalato al Ripple il +230%.

Dunque negli ultimi mesi abbiamo visto delle crescite improvvise, rapidissime, corpose, che vanno dall'80-100% fino al 308% di Litecoin. E poi abbiamo assistito a un vero e proprio record: Bitcoin Diamond, appena uscito, è passato da 30 dollari a 330 dollari in 24 ore. Ha fatto il 1000%. Ora, non so se sei bravo con la matematica o no, ma 1000% vuol dire moltiplicare per dieci i tuoi soldi. Se per esempio hai investito 1.000 euro, ti ritrovi con 10.000 euro. Se hai investito 10.000 euro ti ritrovi con 100.000 euro. Se hai investito 100.000 euro, e so che qualcuno lo ha fatto, ti ritrovi con un milione di euro. Parliamo veramente di moltiplicazioni che avvengono in 24 ore. Ed è un risultato incredibile.

Questi risultati sono duraturi? Non ci interessa, perché il metodo prevede di vendere appena la moneta scende. Quindi, anche adesso che il mercato è sceso moltissimo, noi ci siamo portati a casa delle percentuali di profitto davvero importanti.

Poter prevedere un rally è il sogno di chiunque, perché prevedere una cosa del genere permette di moltiplicare i soldi in maniera rapida. Ma è davvero possibile?

Vediamo quali sono i fattori. Intanto le news importanti; ad esempio il Bitcoin Cash, che è stato listato da Coinbase, rappresenta una news importante che sicuramente ha fatto la differenza in questo rally. Oppure problemi conosciuti; nel caso del Bitcoin, quando improvvisamente, a causa della congestione della propria rete, ha cominciato ad avere transazioni molto lente e molto costose, le persone hanno spostato i loro capitali su altre monete, come ETH, che è schizzato in alto.

O ancora, la storia della moneta. Per esempio sono in pochi a sapere che il Litecoin è una moneta nata da una costola di Coinbase, dal direttore tecnico di Coinbase e che il fatto di essere listata di default su Coinbase l'ha fatta crescere molto.

Un'altra cosa che possiamo fare è informarci. I siti che utilizzo per le news sono Cointelegraph e Coindesk, dove le news vengono riportate abbastanza velocemente, oltre a diversi canali Telegram, che sono ovviamente un grande strumento per ricevere news in anteprima.

Ma la verità è che i rally non si possono prevedere, è molto raro riuscire a farlo. Quindi, a meno che tu non abbia notizie in anteprima rispetto agli altri, è un po' difficile. Però ci sono dei dati di fatto.

Il dato di fatto numero uno è che i rally durano in media 2-3 giorni. Abbiamo visto, ad esempio, gli otto giorni del Bitcoin e il mega rally che ha fatto Bitcoin Diamond in 24 ore, però la media è normalmente di 2-3 giorni.

Poi c'è un altro dato di fatto: i cicli economici sono tutti uguali. Che significa?

Vuol dire che, fondamentalmente, guardando questo grafico (fonte: Traderpedia), un ciclo economico è sempre un ciclo. Cioè una moneta sale, poi scende, poi risale, poi riscende e così via. Quand'è che una moneta sale? Quand'è che parte un rally? Un rally parte nel momento rappresentato dalla freccia arancione, ossia una fase nascosta, una qualche news, una novità che fa partire la moneta, di cui però non siamo a conoscenza, perciò non siamo in grado di prevedere questa partenza e, di conseguenza, di entrare in questo momento. A meno che non siamo tra i pochi a conoscere questa notizia, o non abbiamo qualche contatto con chi gestisce le monete. Ma insomma, sarebbe insider trading, e non va bene.

Possiamo però arrivare dopo, possiamo arrivare nel momento rappresentato dalla freccia verde, nella fase di consapevolezza, all'inizio di questa salita, in quello che è un po' il primo giorno in cui le monete iniziano a salire, quello in cui sui grafici, sulle app di Binance e di altri exchange vediamo una crescita del 15, del 20 o del 30%. Il momento in cui ci accorgiamo che una moneta, che è stata laterale per tanti giorni, ferma per tanti giorni, improvvisamente inizia a partire. Prima ce ne accorgiamo, meglio è, ovviamente, perché siamo alla base di questo grafico.

Poi arriva l'attenzione dei media, e le TV e i giornali iniziano a sparare notizie: «Ripple sfonda 1 dollaro!» Oppure semplicemente la notizia della crescita di una moneta circola sui media di oggi, Facebook, Twitter, Telegram, e si diffonde, così la massa, con grande entusiasmo, inizia a investire in quella moneta e il prezzo a salire verso l'alto. È successo proprio qualche giorno fa. Ripple, in poche ore, ha fatto +50% e potevi vedere l'exchange che non riusciva a tenere traccia del prezzo per quanto cambiava velocemente.

Poi arriva l'avidità. Quando una moneta sta ai suoi massimi, quando raggiunge il picco, un cerchio ancora più grande di massa entra, ma è troppo tardi. È in questo momento che i bravi investitori iniziano a vendere, che prendono il loro profitto, il 20, il 50, il 100%. Poi, lentamente, il titolo riscende e si genera la paura, il panico, la preghiera, la rassegnazione. Il titolo va in panic selling, ossia la moneta inizia a crollare e, più crolla, più le persone vendono perché hanno paura di perdere quello che hanno e che hanno accumulato. Molto spesso le persone entrano tardi ed escono in perdita. Vanno in panic selling e vendono quando sono in totale perdita.

SEGRETO n. 2: in linea generale, i rally non si possono prevedere, tuttavia si possono individuare delle costanti, come la loro durata media e il loro andamento ciclico, che aiutano a individuare il momento in cui la moneta inizia a salire.

Quello che a noi interessa, come rally trader, è entrare nella fase della freccia verde, non appena individuiamo una moneta che sta salendo molto e che, nei giorni precedenti, era laterale. Osserva ad esempio questo grafico, che ho già mostrato durante una diretta su Facebook.

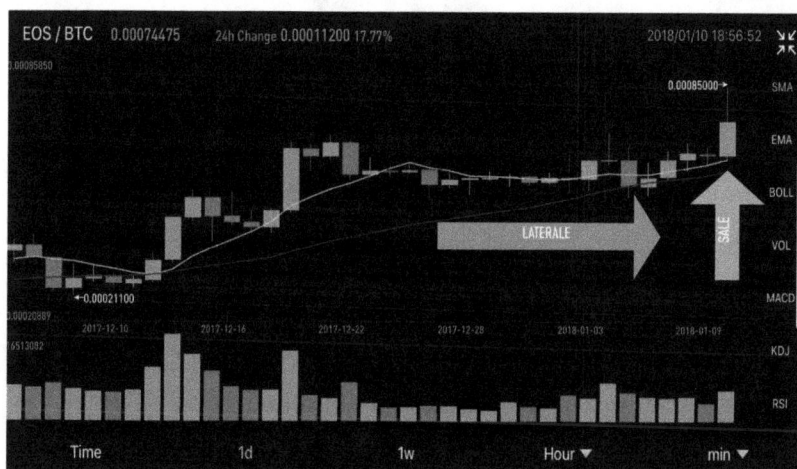

Avevo preso EOS che era al primo giorno di rally, quindi totalmente laterale nelle precedenti dieci/quindici candele (le candele sono i rettangolini verdi e rossi che vedi nel grafico). Poi, a un certo punto, in un giorno realizza il +20% (nel grafico la crescita è rappresentata da una bella candela verde). Infatti EOS ha fatto un rally di quattro giorni e, da lì in poi, l'andamento è stato notevole. Ogni giorno ha guadagnato dal 20 al 30%.

Pertanto il primo segnale è un grafico laterale che poi sale all'improvviso, è uno dei segnali del Rally Trading che più avanti vedremo anche con un'analisi dei grafici che ci aiuterà a capire la famosa freccia verde, il segnale che aspettiamo per entrare in un'operazione che, statisticamente, porta a un rally.

Perché un segnale sia valido statisticamente, ma anche psicologicamente, bisogna che i media pubblichino la news nelle ore successive, e a quel punto arriverà la massa. Solo quando la notizia di una moneta in crescita inizia a diffondersi, a sparpagliarsi in modo virale su Facebook, su Twitter, su Telegram, sulle chat, sui gruppi, ecco che arrivano i nuovi investitori che fanno salire velocemente la moneta. Perciò diventa un lavoro psicologico che consiste nello sfruttare questa psicologia di massa per entrare prima degli altri.

Ti potresti chiedere: «Ma se entro nel giorno 1, quando è già al 20-30% in più, rischio di perdere il mio rally». In effetti sì, ti perdi il primo giorno, ma guarda IOTA, per esempio. Il primo giorno arrivi che lo vedi già al 40% in più. Diciamo che arrivi quando è 2,2 dollari, però ti prendi il secondo giorno, e poi il terzo, e alla fine hai fatto un 150% in due giorni, quindi un risultato notevole.

> # Es: IOTA
>
> - GIORNO 1: da 1,5 a 2,2$ (+46%)
> - GIORNO 2: da 2,2 a 2,7$ (+23%)
> - GIORNO 3: da 2,7 a 5,5$ (+104%)
>
> - TU: da 2,2$ a 5,5$ in 2gg (+150%)

Oppure, se hai altre strategie d'uscita, ad esempio di prendere il più velocemente possibile un profitto del 20%, dopo un giorno dalla tua entrata hai già preso il tuo 23% e sei già a posto. Comunque anche entrare nel secondo giorno va bene – anche se ovviamente è meglio entrare nel primo – con una parte già andata di guadagno. L'importante è non entrare dopo.

SEGRETO n. 3: per sfruttare al meglio i rally, bisogna

cercare di entrare nell'operazione il primo giorno, appena i prezzi cominciano a salire dopo aver seguito un andamento laterale per qualche tempo; può andare bene anche entrare il secondo giorno, ma non oltre.

Se arrivi con la massa, se ad esempio arrivi nel giorno 4, IOTA ha ritracciato, è arrivata a 4,2 e tu perdi il 24%. Quindi bisogna entrare presto, è questo il concetto che c'è dietro al Rally Trading.

Hai visto che si tratta di sfruttare questi rally improvvisi che sono propri delle criptovalute, è molto raro vederli sulle azioni, sui titoli normali. Hai visto anche che funziona perché rispecchia i cicli economici e, in generale, il ciclo della psicologia dell'investitore. Infine, in questo grafico hai visto che è possibile entrare nella freccia verde, ovvero nel giorno 1 del rally, per portarsi a casa un ottimo guadagno.

Nei prossimi capitoli vedremo come prepararsi al rally, dove mettere le monete, quali siti utilizzare. Vedremo come selezionare le monete e, pertanto, tutti i parametri del Rally Trading per fare un'ottima selezione delle monete. Vedremo come acquistare le monete, come fare gli acquisti, il buy, il limit, il mercato e così via. Infine vedremo come uscire dall'investimento, che spesso è la strategia più importante perché, una volta che siamo dentro un'operazione, la nostra stessa psicologia può giocarci brutti scherzi (ad esempio non riusciamo a uscire, oppure usciamo in perdita).

È pertanto assolutamente essenziale avere delle regole chiare e precise, in modo da non dover decidere con la propria testa mentre le cose vanno male, in modo che tutto sia già deciso a priori.

RIEPILOGO DEL CAPITOLO 2:

- SEGRETO n. 1: il Rally Trading è una strategia ideata esclusivamente per le criptovalute che permette di sfruttare i forti e repentini aumenti di prezzo, i cosiddetti rally, propri di queste monete.

- SEGRETO n. 2: in linea generale, i rally non si possono prevedere, tuttavia si possono individuare delle costanti, come la loro durata media e il loro andamento ciclico, che aiutano a individuare il momento in cui la moneta inizia a salire.

- SEGRETO n. 3: per sfruttare al meglio i rally, bisogna cercare di entrare nell'operazione il primo giorno, appena i prezzi cominciano a salire dopo aver seguito un andamento laterale per qualche tempo; può andare bene anche entrare il secondo giorno, ma non oltre.

Capitolo 3:
Come prepararsi per il Rally Trading

Cosa vuol dire prepararsi? Vuol dire mettersi nelle condizioni di poter operare nel Rally Trading. Pertanto risponderò proprio a tutte le domande e ai problemi e darò le soluzioni di tutto ciò che ho imparato in questi mesi, anche dal feedback dei Membri del RallyClub™.

Vedremo come depositare gli euro su Coinbase, come cambiare gli euro in Ethereum su Gdax e poi come inviare gli Ethereum da Gdax all'exchange Binance (la stessa procedura vale per qualsiasi altro exchange tu stia utilizzando adesso). Sappiamo che questi sono i passaggi di base per minimizzare costi e tariffe e, soprattutto, per andare più veloci perché, qualsiasi altra procedura, o ti costa molto di più o ti rallenta tantissimo.

Punto di partenza: Coinbase.com. È il wallet più famoso al mondo, conta dai 100 ai 300 mila nuovi investitori ogni singolo giorno. Questa cosa ovviamente ha creato anche un gran caos a livello strutturale per Coinbase che a un certo punto era molto rallentato nella decodifica dei documenti per l'accettazione di nuovi account. Ma ora funziona bene, e tutte le persone che sono oggi nel RallyClub™ sono riuscite a creare un account su Coinbase. Ci vuole solo pazienza e una serie di strategie che tra poco ti darò.

Se ancora non hai l'account, clicca sul pulsante "Registrati", in alto a destra, oppure vai all'indirizzo coinbase.com/signup e registrati con il tuo nome, il tuo cognome, la tua email e la tua password. E qui arriva la prima raccomandazione: non mettere una password facile da indovinare, non usare, ad esempio, il tuo nome e il tuo anno di nascita; scegline una veramente difficile da indovinare, magari quella consigliata dal browser. Perché? Perché qui ci sono i tuoi soldi, i tuoi averi, questo è il tuo conto in banca e non puoi permettere che qualcuno possa indovinarla; quindi vai sull'*excellent* come grado di difficoltà della password. È importante.

Una volta che hai creato l'account, ti chiederà di verificare l'identità, e qui arrivano le insidie. Tante persone hanno avuto problemi a fare questa verifica dell'identità, ma ti do un paio di dritte. La prima è di verificare subito due documenti e, in particolare, ti consiglio di partire dal passaporto.

Il passaporto viene riconosciuto più facilmente, intanto perché è meno usato, e quindi sul riconoscimento del passaporto c'è meno congestione. Inoltre c'è solo una facciata da riconoscere rispetto alle due della carta d'identità e della patente, pertanto viene riconosciuto più rapidamente. Quindi, per prima cosa, metti il passaporto in modo da riconoscerti subito sul conto corrente di Coinbase.

Come secondo documento, prova sia la carta d'identità sia la patente. Perché due documenti? Perché il secondo ti verrà richiesto da Gdax, l'exchange di Coinbase, ma su Gdax è veramente difficile farselo riconoscere. Perciò, anche se poi te lo chiederà Gdax, il riconoscimento, di entrambi i documenti, fallo su Coinbase. Personalmente sono riuscito a caricarne tre senza problemi, passaporto, carta d'identità e patente.

SEGRETO n. 1: il primo passo consiste nell'aprire un "conto corrente" su Coinbase: se fai verificare subito due documenti (per primo il passaporto), ti verrà utile per snellire i passaggi successivi.

La seconda dritta consiste nel provare sia da PC che da app, perché molti dicono di non essere riusciti a fare il riconoscimento sul PC, ma sì attraverso l'app del cellulare, iOs o Android, mentre, viceversa, altri che non erano riusciti con l'app avevano poi risolto con il PC. Perciò prova da tutte e due le parti.

Per l'iscrizione occorrono da zero a sette giorni. Quando mi sono iscritto a Coinbase, il riconoscimento impiegava due minuti, quindi ti dava il responso in tempo reale, anche se ho dovuto ricaricare più volte i documenti perché non li riconosceva, perché la foto era sgranata e così via.

Comunque oggi, in generale, entro sette giorni si riesce a fare tutto. Segui queste istruzioni, carica due documenti, prova sia da PC sia da app e vedrai che non avrai problemi.

Una volta creato l'account su Coinbase, devi fare il bonifico, ossia trasferire i soldi dal tuo conto corrente tradizionale su Coinbase attraverso un bonifico bancario estero (al momento Coinbase ha il conto in Estonia).

Clicca su "Euro Wallet", ossia sul tuo wallet in euro, e il pulsante "Deposito" per depositare soldi sul conto, e si aprirà questa finestra con un *numero di riferimento*.

Deposita EUR   ✕

SEPA Deposit

Use your bank account to transfer funds into Coinbase
Coinbase only accepts SEPA transfers. Please use the reference code
below as part of your transfer.

Numero di riferimento

Please include this reference code in your transfer.
Without this code, we cannot deposit these funds into
your Coinbase account.

☑ Ho copiato o annotato il mio numero di riferimento

Continua

Questo numero di riferimento è la *causale* da inserire nel bonifico. È molto importante, quindi devi copiare e annotare il tuo numero di riferimento perché, senza quella causale, i tuoi soldi non arriveranno sul conto di Coinbase. Cliccando su "Continua", ti darà il codice Iban di Coinbase e ti chiederà quale importo stai trasferendo, in modo da avere più riferimenti possibili. Ricorda, l'intestatario del conto bancario da cui farai il bonifico deve corrispondere, nome e cognome, a quello del conto di Coinbase.

In altre parole, se il conto Coinbase è intestato a Mario Rossi, dovrai fare un bonifico da un conto bancario di Mario Rossi. Può essere cointestato, quindi se mandi da un conto intestato a Mario Rossi e Maria Bianchi, va bene, basta che anche su Coinbase ci sia almeno uno dei due nomi. Di solito il bonifico estero arriva in due/tre giorni. In alcuni casi Coinbase ti avvisa se ci sono dei ritardi, poiché talvolta l'accredito può impiagare sei-sette giorni, ma sono casi che si verificano di rado.

SEGRETO n. 2: per trasferire i soldi sul conto Coinbase, devi effettuare un bonifico da un conto corrente bancario che abbia lo stesso intestatario del conto Coinbase.

A questo punto, puoi acquistare le criptovalute, ma non le devi comprare da Coinbase. Se vuoi azzerare le tariffe, non le devi comprare da Coinbase, perché lì, se usi la carta di credito, ti costa il 3,99% e, se usi i soldi che hai trasferito con il bonifico, ti costa 1,49% più lo spread. Lo spread è la distanza che c'è tra domanda e offerta.

Ti faccio un esempio. Vuoi comprare il Bitcoin a 7.000 dollari, ma il primo venditore che li vende ne chiede 7.300, quindi, quando vai a comprare, non ti fa comprare a 7.000, che è il valore attuale del Bitcoin, ma a 7.300. Perciò butti via 300 dollari, ossia il 4/5%, nello spread, oltre alle tariffe che hai con il conto in euro o con la carta di credito.

Quindi Coinbase è assolutamente da evitare per il primo acquisto, se non vuoi buttare i tuoi soldi. Le criptovalute si comprano su Gdax, che ha lo 0% di commissioni e uno spread di 1 centesimo, quindi praticamente nulla. Tra poco vedremo come si fa con Gdax. In ogni caso Gdax è l'exchange di Coinbase, quindi ne è parte integrante, perciò gli euro li devi mettere comunque su Coinbase e poi, come vedremo, utilizzarli su Gdax.

Prima di andare avanti, cerchiamo di capire a quanto deve ammontare il bonifico, ossia il capitale minimo da investire. Non esiste un capitale minimo, tuttavia alcuni scambi di monete richiedono la disponibilità di almeno 10 dollari. Ad esempio, su Binance, in alcuni casi ti dice "hai troppi pochi centesimi", magari hai troppi pochi centesimi in Ethereum da comprare, magari corrisponde a 3-4 dollari, non te li fa utilizzare. I centesimi spesso rimangono invenduti, quindi su Binance, o su altri exchange, hai un mare di centesimi sparsi. Parliamo sempre di pochi dollari che, però, se il tuo capitale è di 10 dollari, chiaramente non ci stai dentro, cioè rischi di sprecarli. L'ideale è almeno 100 dollari per operazione: se investi in una moneta, devi avere 100 dollari, se investi in 10 monete, devi avere 1.000 dollari. L'ideale è avere 1.000 dollari, così da fare 10 operazioni da 100 dollari e così via.

Comunque almeno 100 dollari in modo da poter fare una prima operazione per capire come funziona. Poi vedremo come utilizzare il money management, ossia come suddividere il capitale per rischiare il meno possibile.

SEGRETO n. 3: non comprare le criptovalute direttamente da Coinbase, ma da Gdax, l'exchange di Coinbase, che ha costi nettamente inferiori.

Vediamo adesso il funzionamento di Gdax, che è in inglese, ma è molto semplice, e comunque ti darò le istruzioni.

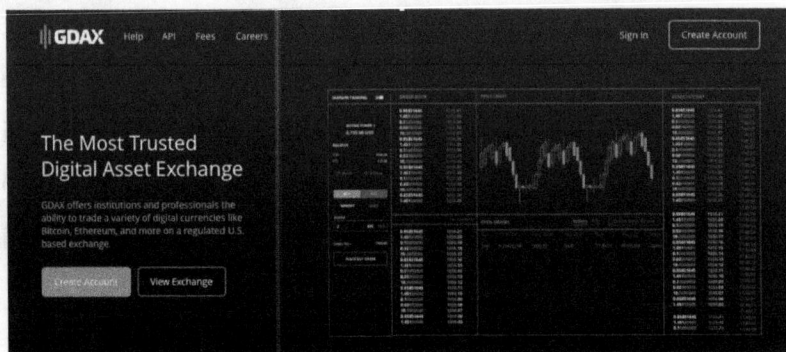

Cliccando su "Sign in" o su "Create account", Gdax riconoscerà che sei già loggato in Coinbase e che quindi possiedi già un account, però ti chiederà la verifica dei documenti, la verifica dell'identità; come ti dicevo prima, se non l'hai già fatto, non caricare i documenti su Gdax, ma torna su Coinbase e da lì carichi il tuo secondo documento. Anche in questo caso, prova sia dall'app del cellulare, sia dal PC.

Una volta che sei dentro Gdax, hai i grafici, ad esempio, del Bitcoin, dell'euro, del Litecoin e dell'Ethereum. Cosa devi fare?

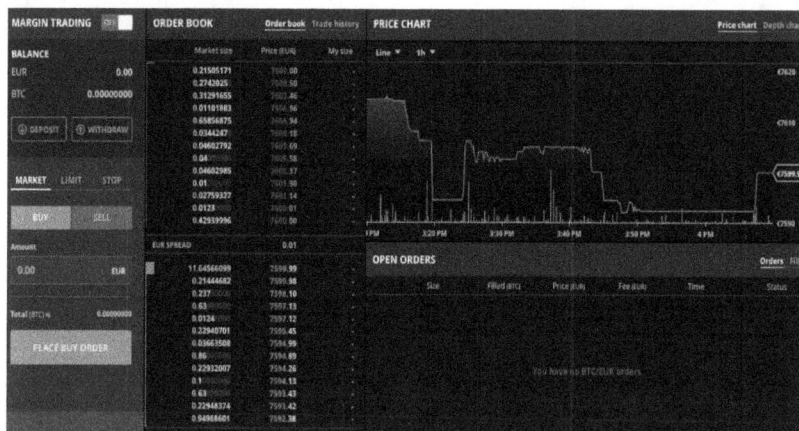

Come puoi vedere nel grafico, in alto a sinistra, in questo caso è stato selezionato BTC/EUR e hai la voce "Deposit", ma a noi interessa comprare Ethereum o, al massimo, Litecoin, perché il Bitcoin è più lento rispetto alle altre monete. Ciò comporta che, quando poi vorrai trasferire, ad esempio, le tue criptovalute da Gdax all'exchange per fare Rally Trading, il Bitcoin può impiegare anche molte ore, e non è il caso.

Pertanto, in alto a sinistra, devi selezionare ETH/EUR (ossia ti interessa comprare Ethereum dando euro), oppure Litecoin, se per qualche motivo, come è capitato, l'Ethereum è un po' congestionato. Ma, in generale, prendi Ethereum da cui poi puoi comprare anche le monete sugli exchange. Quindi, selezioni ETH/EUR, clicchi su "Deposit" e ti compare la schermata "Deposit Funds", "Coinbase account". Da qui "Source", ossia la risorsa, la fonte degli euro, è l'Euro Wallet dove ci sono gli euro depositati con il bonifico di prima. Da qui selezioni quanti euro vuoi spostare, ad esempio 1.000 euro, e da lì, cliccando su "Deposit", i tuoi 1.000 euro da Coinbase passano a Gdax. Senza alcun costo, perché Gdax fa parte di Coinbase, perciò non stai mandando a qualche altro indirizzo, ma tutto rimane in casa di Coinbase.

A questo punto si spiega quanto dicevo più sopra ossia, se compri Bitcoin, poi per spostarli la procedura è lenta, ci può mettere un'ora come 24 ore, ma anche 72, cioè tre giorni, e le tariffe di trasferimento sono molto alte. Invece, quando compri Ethereum o Litecoin, li puoi trasferire in maniera molto rapida, in genere in qualche minuto, dieci minuti al massimo. In alcuni momenti di maggiore congestione possono passare anche 24 ore, ma è molto raro. Inoltre le tariffe sono molto basse, quindi il consiglio è di utilizzare Ethereum.

Qui hai gli ordini e puoi fare un ordine "buy market":

In alto a sinistra hai "Buy", inserisci l'"Amount" (quantità) nella casella immediatamente sotto, ossia l'importo. Pertanto, se hai 1.000 euro, digita 1.000 e compri un totale di Ethereum in base al loro prezzo. In questo momento l'Ethereum vale circa 500 euro, perciò ti verranno fuori 2 Ethereum. Clicca su "Place Buy Order" (ossia "piazza un ordine d'acquisto"), e avrai realizzato istantaneamente il tuo ordine, pagando solo lo 0,25% di commissione e con uno spread veramente minuscolo, in genere di un centesimo. Quando fai un ordine "buy market" paghi un po' di commissioni in base al prezzo di mercato, però è eseguito immediatamente.

L'alternativa è fare un ordine "buy limit", in cui indichi tu il prezzo esatto che vuoi pagare per il tuo Bitcoin, il tuo Ethereum o il tuo Litecoin.

In questo caso le commissioni sono lo 0%, però l'ordine *limit* non è detto che venga eseguito. In altre parole, se tu offri il prezzo di mercato, appena compare il primo che vuole vendere, compri. In questo caso, invece, se tu dichiari di voler comprare solo se te lo fanno pagare 495 euro, e non c'è nessuno che lo venda a 495 euro, l'ordine rimane non eseguito e tu magari perdi un'occasione, perché nel frattempo è salito a 550 o a 580 e hai perso l'occasione di entrare al prezzo di mercato, che in quel momento era 500 euro. Quindi è vero che paghi meno commissioni ma rischi di perdere un'opportunità.

SEGRETO n. 4: quando acquisti una criptovaluta puoi procedere a un ordine "buy market", ossia acquistarla al prezzo di mercato in quel momento, oppure "buy limit", in cui sei tu a indicare il prezzo al quale vuoi acquistarla.

In entrambi i casi, una volta che hai comprato, puoi spostare da Gdax a un exchange. Come si fa? Torni sempre in alto a sinistra, su ETH/EUR, e clicchi su "Withdraw", che vuol dire trasferimento. Selezioni "ETH Address" e a quel punto immetti la quantità, l'"amount"; ad esempio, se hai comprato 2 Ethereum, la destinazione è l'ETH address, ovvero l'indirizzo di destinazione. Negli exchange, nei wallet, non si parla di Iban come nelle banche, ma di *address*, che è sempre un codice alfanumerico piuttosto lungo e che rappresenta il conto corrente dell'exchange.

57

Pertanto qui hai bisogno di inserire l'address di destinazione, quello che ti avrà fornito il tuo exchange. Dove si trova l'address? Su Binance, ad esempio, clicchi su "Funds", in alto, selezioni ETH, clicchi su "Deposit" e avrai il tuo indirizzo ETH. Su Kucoin, un altro exchange che utilizziamo, clicchi su "Deposit", che in questo caso sta a sinistra, e selezioni "ETH", "ETH address". Quindi prendi l'indirizzo del conto corrente che nel frattempo avrai aperto su Binance, su Kucoin o su un altro exchange, e invii lì i tuoi soldi, le tue criptovalute.

La cosa importante è non mischiare mai le monete con gli indirizzi. Mi spiego meglio. Se tu hai Ethereum, non puoi mandare gli Ethereum su un indirizzo Bitcoin e, viceversa, non puoi mandare Bitcoin su un indirizzo Ethereum, perché in quel caso si rischia che i soldi vadano *persi per sempre*, che finiscano in un limbo da dove nessuno li può recuperare. Perciò, quando fai i trasferimenti, presta molta attenzione.

Quanto ti costa tutto questo? Le tariffe di trasferimento non dipendono dal sito, ma dalla moneta, quindi è l'Ethereum a costare meno; il Bitcoin, ad esempio, costa di più. Evita il Bitcoin perché in questo momento può costarti anche diversi euro a trasferimento, sempre meglio Ethereum e Litecoin, con commissioni decisamente più basse. La quantità di moneta è indifferente, perciò se trasferisci 10 dollari di criptovalute paghi sempre la stessa tariffa, quindi, com'è ovvio, più moneta trasferisci meno soldi perdi, in percentuale, sul trasferimento.

SEGRETO n. 5: dopo aver comprato le criptovalute su Gdax, puoi trasferirle sull'exchange; ricorda che ogni moneta ha un suo indirizzo di destinazione e che le tariffe di trasferimento dipendono dal tipo di moneta e non dall'exchange o dalla quantità che trasferisci.

Se possiedi già delle monete su Coinbase, perché magari ce le avevi già messe prima, non serve che passi da Gdax, perché le hai già comprate su Coinbase. Avrai pagato tariffe un po' più alte, ma non importa, le possiedi già e le puoi mandare direttamente sull'exchange. In quel caso, su Coinbase, farai il withdraw, ossia il trasferimento, e le manderai all'indirizzo del tuo exchange.

I tempi variano, come dicevo, dalle 2/72 ore di Bitcoin ai 10 minuti/24 ore di Ethereum e Litecoin. Mi raccomando, non andare nel panico. Il problema che ci viene segnalato più spesso è "ho spostato delle monete ma non sono arrivate", ma non bisogna preoccuparsi, perché arrivano sempre. Quindi, a meno che tu non abbia sbagliato a scrivere l'indirizzo e abbia scritto l'indirizzo di qualcun altro, o di un'altra moneta, se hai inserito il tuo indirizzo correttamente (non digitarlo a mano, fai sempre copia-incolla), i soldi arrivano. Ci vuole tempo e devi avere pazienza, perché il numero degli investitori è cresciuto talmente tanto che il network è congestionato.

Riepilogando, abbiamo visto che i passaggi sono 3:
1. trasferisci gli euro dalla tua banca a Coinbase;
2. sposti gli euro da Coinbase a Gdax e, su Gdax, li trasformi in Ethereum;
3. da Gdax invii gli Ethereum al tuo exchange, ad esempio Binance.

Benissimo, nei prossimi capitoli vedremo come selezionare le monete, come acquistarle e come uscire dall'investimento.

RIEPILOGO DEL CAPITOLO 3:

- SEGRETO n. 1: il primo passo consiste nell'aprire un "conto corrente" su Coinbase: se fai verificare subito due documenti (per primo il passaporto), ti verrà utile per snellire i passaggi successivi.

- SEGRETO n. 2: per trasferire i soldi sul conto Coinbase, devi effettuare un bonifico da un conto corrente bancario che abbia lo stesso intestatario del conto Coinbase.

- SEGRETO n. 3: non comprare le criptovalute direttamente da Coinbase, ma da Gdax, l'exchange di Coinbase, che ha costi nettamente inferiori.

- SEGRETO n. 4: quando acquisti una criptovaluta puoi procedere a un ordine "buy market", ossia acquistarla al prezzo di mercato in quel momento, oppure "buy limit", in cui sei tu a indicare il prezzo al quale vuoi acquistarla.

- SEGRETO n. 5: dopo aver comprato le criptovalute su Gdax, puoi trasferirle sull'exchange; ricorda che ogni moneta ha un suo indirizzo di destinazione e che le tariffe di trasferimento dipendono dal tipo di moneta e non dall'exchange o dalla quantità che trasferisci.

Capitolo 4:
Come selezionare le criptovalute migliori

Parliamo di selezione delle monete, che forse è anche la parte più importante, oltre a quella più difficile e più complessa. Saper selezionare le monete giuste è ciò che fa la differenza fra un trader bravo e un trader fallito, quindi è davvero fondamentale che tu legga con molta attenzione e impari tutto quello che vedremo in questa parte dedicata alla selezione delle monete.

Capiremo come selezionare le monete da rally, quali sono i parametri di riferimento e come effettuare l'analisi del grafico. Su quali siti vedere le monete? Quali sono gli exchange da utilizzare? Prima di tutto *Binance* e, ultimamente, anche Kucoin, per chi non è riuscito a registrarsi a Binance che, di tanto in tanto, chiude le iscrizioni.

Se non lo hai ancora fatto, registrati su uno di questi due siti perché è da qui che poi andremo a lavorare. Nel caso di riferimento, utilizzeremo l'app di Binance, che ha una procedura abbastanza semplice. Questo è un esempio di cosa fare sull'app di Binance.

Ora ti spiego tutta la teoria, ma nel capitolo 5 troverai una spicgazione in cui, in tempo reale, andrò a monitorare le monete e in cui andremo a vedere quali sono le analisi che faccio quando ho davanti dei grafici per decidere su quali monete investire.

Allora, per prima cosa, se hai scaricato l'app di Binance o se stai su qualche sito, anche su Bitfinex, Bittrex o un qualsiasi exchange, avrai una lista delle monete. Io tendo a selezionare per Bitcoin o, al limite, per Ethereum, se ho Ethereum nel portafoglio. Quindi, nella sezione market, la prima cosa che faccio è ordinare per *change*, cioè i dati del change delle ultime 24 ore. Questo è un dato molto importante che descrive quanto è variata la moneta nelle ultime 24 ore.

Se guardi la precedente immagine, vedi che il Bitcoin Diamond è cresciuto del 363% nelle ultime ore. Poi sappiamo che è salito per un totale del 1000%, incredibile veramente, e poi, a seguire, 64%, 31%, 30%, 23% e così via. Quindi vado a ordinare le monete per crescita, in modo da andare a vedere solo quelle che realmente hanno avuto una crescita e che potrebbero essere al primo giorno di rally. Poi verificherò i volumi e farò un'analisi tecnica del grafico.

Vediamo quali sono i parametri che devo studiare quando ho davanti questa schermata, quando ho davanti le mie monete. Il primo parametro è il *change*, ossia la crescita percentuale. La crescita percentuale più corretta che ho visto in questi mesi, per esperienza, è quella che va dal 15 al 50%.

SEGRETO n. 1: il primo criterio per selezionare la criptovaluta su cui investire consiste nel prendere in considerazione solo quelle che hanno una determinata crescita percentuale, ossia una crescita che va dal 15% al 50%.

Non meno, perché un valore minore non è significativo per le cripto. Sappiamo che le cripto si muovono molto rapidamente e che sbalzi del 10% sono così rapidi e frequenti da non avere un grande significato. Bastano pochi ordini, pochi volumi, un piccolo movimento, una piccola news, per far crescere del 10% una cripto. Ma neanche troppo di più, perché il rapporto rischio/investimento potrebbe non essere favorevole.

Ti faccio un esempio, se una moneta è già a +80%, potrebbe ritracciare, cioè potrebbe riscendere, tornare indietro al 10%, allo 0%, e tu vai a rischiare un 80%. Ma quanto può darti come profitto? Quale può essere la rendita se è già salita dell'80%?

A parte rarissimi casi, come Bitcoin Diamond, e altri casi altrettanto rari che ho visto in questi mesi, difficilmente si va oltre il 100-120%. Qui, a fronte di un possibile guadagno di 10-20 punti, rischi di perderne 80. E questo è un rapporto rischio/rendimento sfavorevole.

Mi sono capitati altri casi in cui il rapporto rischio/rendimento di una nuova moneta che ha raggiunto un minimo di 5.700 e un massimo di 70.000 era molto favorevole. Allo stato attuale era sui 10.000 punti, quindi qual era il rischio? Che da 10.000 tornasse a 5.700, cioè un rischio di 4.300 punti. Ma, se per caso fosse tornata al massimo, sarebbe cresciuta di 60.000 punti, e infatti questa è stata una delle monete che abbiamo scelto di comprare e che, effettivamente, nel giro di mezza giornata, ci ha regalato un +30% veramente facile. Perciò quando il rapporto rischio/rendimento è così favorevole, è sicuramente più interessante rispetto a quando una moneta è già cresciuta troppo.

Devi valutare un po' tutto questo, quanto è già cresciuta, quali sono i precedenti minimi, quali sono i precedenti massimi e così via. Intendo proprio il punto minimo e quello massimo che ha toccato. Poi naturalmente potrebbe superare quel massimo, potrebbe rompere la barriera del massimo, così come potrebbe andare al di sotto del minimo. Una moneta si può anche azzerare, non è mai successo da quando opero con le criptovalute, ma teoricamente può succedere qualsiasi cosa.

Il secondo parametro è il *volume*, che deve essere maggiore di 1.000 Bitcoin o di 10.000 Ethereum, se ragioni in Ethereum, non di meno, perché in quel caso c'è il rischio di manipolazioni. Significa che, se una moneta ha 100 Bitcoin di volume, bastano pochi Bitcoin per farla salire o per farla scendere in maniera molto repentina nell'arco della giornata, creando panic selling, falso entusiasmo e così via. Se i volumi sono bassi, c'è la difficoltà sia a entrare sia a uscire, quindi, o ti accontenti dei prezzi market o potresti avere grosse difficoltà, perché potresti non avere venditori con cui trattare, con cui uscire dall'investimento.

In ogni caso con bassi volumi la crescita non è sempre significativa. Cioè, una moneta che ha pochi volumi può crescere del 20%, ma con la stessa identica facilità può riscendere magari del 20 o del 30%. Abbiamo perciò valutato che, nel Rally Trading, un parametro affidabile è avere almeno 1.000 Bitcoin di volume.

SEGRETO n. 2: la crescita di per sé non è un indicatore significativo se la criptovaluta non ha anche un volume maggiore di 1.000 Bitcoin, perché altrimenti potresti avere grosse difficoltà nel rivenderla.

Il terzo parametro è il *grafico*. Come abbiamo visto all'inizio, dobbiamo entrare nella fase della famosa freccia verde ed essere nel primo giorno di rally. Non nel terzo o nel quarto giorno, e non perché il rally non possa continuare per qualche altro giorno, ma semplicemente perché ci mettiamo contro le probabilità; perché è probabile che il rally dopo 3-4 giorni stia terminando, perché il rapporto rischio/rendimento, dopo tre giorni di salita, è sfavorevole. Insomma, per tutta una serie di motivi, vogliamo essere al primo giorno di rally.

Il primo giorno vuol dire che nei giorni precedenti era laterale e poi c'è stata un'improvvisa crescita, che nel grafico si mostra così: laterale per tanti giorni, poi, all'improvviso, esplosione verso l'alto, una bella candela verde alta e corposa. Questo è il caso di EOS che, come abbiamo detto, è stata un'ottima opportunità perché, subito dopo aver realizzato questa foto, ha cominciato a volare e ha fatto 2-3 giorni di rally pieno, da manuale.

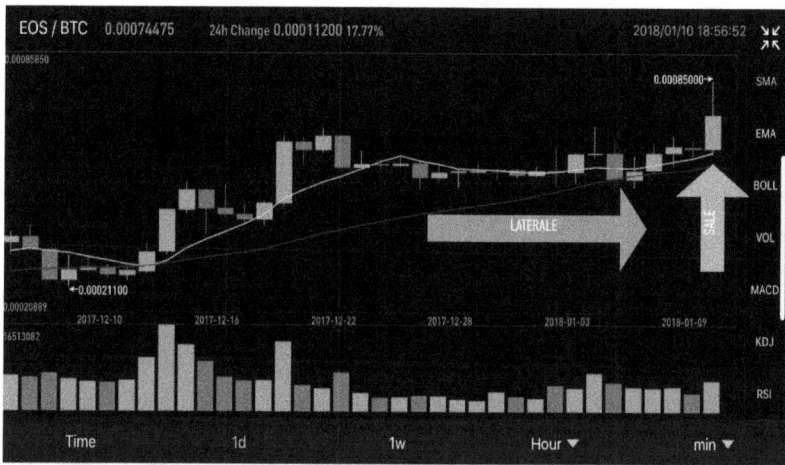

Ricordiamoci sempre che noi non riusciamo a entrare nella fase arancione ma il verde rappresenta proprio quella crescita percentuale del 15-20% di cui si ha una leggera consapevolezza, ma che non ha ancora attirato l'attenzione dei media e dei social media.

Quello che dobbiamo fare, quando vediamo un grafico di quel tipo, è un'analisi cripto-tecnica, che non è un'analisi tecnica tradizionale, perché non si utilizzano gli indicatori tradizionali come la media mobile o le bande di Bollinger, che non sono molto affidabili nei rally.

Il rally infatti dura poco, un giorno, due giorni, ed è difficile, con la volatilità delle cripto, avere degli indicatori stabili e affidabili. Se investissi a medio-lungo termine andrebbe bene, ma nel Rally Trading non investiamo a medio-lungo termine.

Le criptovalute hanno molti micro-sbalzi che, ad esempio, incrociano continuamente la media mobile, quindi sarebbero continui falsi segnali. I rally però hanno uno schema preciso che si può riscontrare nei grafici, ed è quello che andiamo a esaminare non con un'analisi tecnica, ma *cripto-tecnica*. L'ho chiamata così perché è un'analisi tecnica specifica per le criptovalute.

SEGRETO n. 3: sull'andamento della criptovaluta non bisogna fare un'analisi tecnica tradizionale, ma una specifica analisi "cripto-tecnica" che tenga conto delle caratteristiche delle criptovalute e degli schemi precisi a cui rispondono.

L'analisi cripto-tecnica viene fatta su:

- grafico a un giorno, indicato come "1 D", one day;

- grafico a un'ora, "1 H";

- grafico a 15 minuti, "15 min".

Questo è il grafico one day. Se selezioni "one day" sul grafico di Binance, o del tuo exchange, deve esserci la candela alta nel giorno attuale e il grafico laterale nei giorni precedenti.

Se nel grafico a un giorno riscontro questa tipologia di segnali, allora vado ad approfondire analizzando il grafico successivo, quello a un'ora.

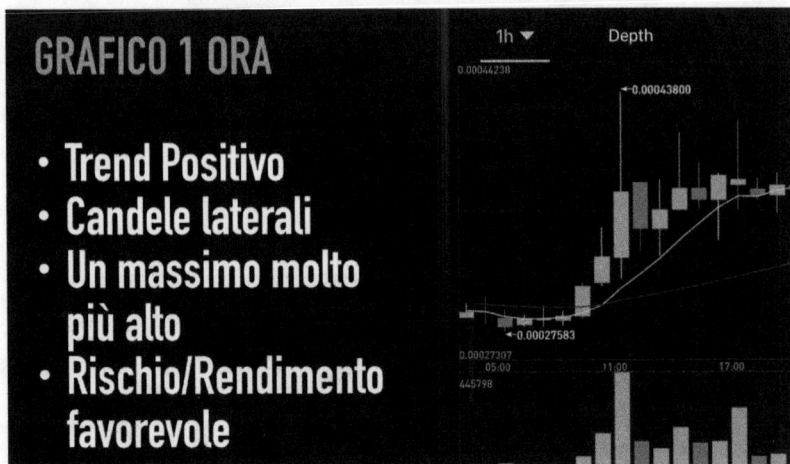

Nel grafico a un'ora vado a esaminare nel dettaglio cos'è successo nelle ultime ore per capire come mai quella moneta, nella giornata di oggi, è salita così tanto. Un grafico come questo è ottimo, perché ha le ultime candele laterali, perciò c'è stato un grosso picco con un massimo molto alto, poi è scesa un po' e adesso è laterale. E, da quello che ho visto, quando è laterale è pronta a esplodere nuovamente.

Magari è pronta a tornare al famoso massimo, o a superarlo. Anche qui abbiamo una moneta che è a 30.000 punti e che ha avuto il minimo a 27.000 e il massimo a 43.000; il rapporto rischio/rendimento, anche sul breve termine, è a nostro favore e sembrerebbe essere in pieno rally.

Quali sono dunque le caratteristiche? Un trend positivo delle candele laterali. Non mi piace invece se le candele riscendono, quando c'è un picco, subito dopo. Sale, sale e poi riscende subito, perché potrebbe essere appunto un falso rally (anche conosciuto come "pump&dump") e perciò potrebbe già essere in ricaduta.

Quando invece c'è un massimo molto più alto, mi piace perché, se ha già raggiunto quel livello, può raggiungerlo ancora una volta, ossia potrei entrare a 30-35 sapendo che può tornare subito a 43, perché magari è successo 3-4 ore prima. Mi fa capire che c'è un rapporto rischio/rendimento favorevole.

A questo punto vado nel grafico a 15 minuti perché mi interessa sapere cos'è successo negli ultimi momenti, e voglio trovarci un trend positivo.

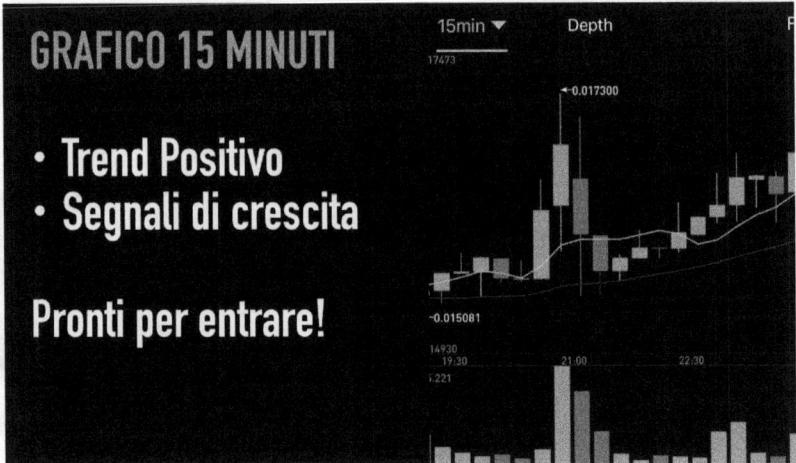

In questo caso c'è stata una salita, poi una discesa e poi, nelle ultime 7-8 candele, il trend è in positivo, quindi è in fase di ricrescita. È ottimo entrare in questo momento, sono tutti segnali di crescita, i tre grafici sono allineati e confermano che siamo in un rally e che pertanto siamo pronti per entrare.

SEGRETO n. 4: dopo aver analizzato il grafico a un giorno, bisogna approfondire l'analisi dapprima su un grafico a un'ora e poi su uno a 15 minuti: se i tre grafici sono allineati, si può dedurre che la moneta è in fase di rally e che quindi è opportuno entrare nell'operazione.

Riepilogando, abbiamo visto come selezionare le monete da rally, quali sono i parametri di riferimento e come si analizza un grafico. Nel prossimo capitolo ti farò un esempio in tempo reale, proprio con l'app di Binance, in cui analizzerò le monete che in un dato momento sono pronte, attive e disponibili e che rientrano nei parametri.

Poi ti parlerò di money management, di come fare l'ordine e di come monitorare l'ordine e il profitto.

RIEPILOGO DEL CAPITOLO 4:

- SEGRETO n. 1: il primo criterio per selezionare la criptovaluta su cui investire consiste nel prendere in considerazione solo quelle che hanno una determinata crescita percentuale, ossia una crescita che va dal 15% al 50%.

- SEGRETO n. 2: la crescita di per sé non è un indicatore significativo se la criptovaluta non ha anche un volume maggiore di 1.000 Bitcoin, perché altrimenti potresti avere grosse difficoltà nel rivenderla.

- SEGRETO n. 3: sull'andamento della criptovaluta non bisogna fare un'analisi tecnica tradizionale, ma una specifica analisi "cripto-tecnica" che tenga conto delle caratteristiche delle criptovalute e degli schemi precisi a cui rispondono.

- SEGRETO n. 4: dopo aver analizzato il grafico a un giorno, bisogna approfondire l'analisi dapprima su un grafico a un'ora e poi su uno a 15 minuti: se i tre grafici sono allineati, si può dedurre che la moneta è in fase di rally e che quindi è opportuno entrare nell'operazione.

Capitolo 5:

Analisi in real time delle monete

(trascrizione di un video in diretta online nel RallyClub™)

A questo punto voglio farti vedere esattamente come mi comporto quando faccio trading. Apro l'app di Binance e utilizzo esclusivamente questa, non entro mai sul sito. L'app è molto facile e completa e ha tutto quello che ti serve per lavorare.

Puoi scegliere tra USD, ETH, Bitcoin, BNB o i favoriti, ossia le monete che hai registrato tra le tue preferite, quelle su cui hai investito e che stai tenendo d'occhio.

Generalmente vado su BTC, perché tengo Bitcoin in portafoglio e perché mi interessano i volumi in Bitcoin. Come sai, uno dei parametri del Rally Trading è il volume di almeno 1.000 Bitcoin, nelle ultime 24 ore, quindi non da stamattina, non c'entra nulla l'ora italiana, le ultime 24 ore a partire da ora. Vediamo i volumi di queste prime quattro monete che hanno almeno il 15% di crescita.

GAS con 2.774 BTC di volume, TRIG 1.533, NEO 19.000 e KNC 667. Il minimo per operare è 1.000 Bitcoin, quindi in una giornata come oggi abbiamo 3 monete che realmente rispettano i primi parametri del rally. Vediamo comunque KNC per curiosità didattica.

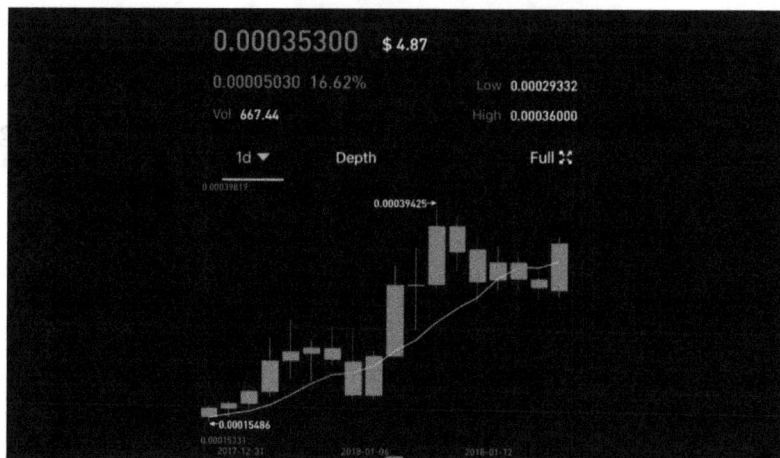

Abbiamo un grafico a un giorno: cosa vediamo? Che KNC non è malissimo, perché viene da un periodo laterale, da 4-5 candele laterali e da una giornata, come quella di oggi, in forte crescita. Quindi il famoso +15%, la candela verde che spinge in alto e che magari va verso il vecchio massimo e che risulta interessante.

Analizzando il grafico orario, stamattina verso le 11:00, è salita molto, poi è ritracciata, ha perso tutto, addirittura è andata sotto, per poi riprendere alla grande verso metà giornata; nel primo pomeriggio e nelle ultime 4 ore è cresciuta veramente tanto. Quindi sarebbe una moneta interessante, se non fosse per il volume un po' basso, poiché con i volumi bassi si rischia di vedere monete un po' manipolate, un po' spinte, di avere difficoltà sia a entrare sia a uscire. E questo non è il massimo per chi come me fa trading abbastanza veloce e che, nel giro di mezza giornata, di un giorno, due giorni, tre giorni al massimo, entra ed esce.

Vediamo adesso la successiva, NEO.

Sempre analizzando il grafico one day, vediamo che NEO ha cominciato il suo rally 4 giorni fa, perciò siamo in ritardo. Poteva essere interessante prima, anche se comunque non rispecchiava tutti i parametri, perché non c'era una fase di lateralità rilevante, ma aveva comunque un trend positivo, 4 giorni positivi. Ieri è stato molto positivo e oggi si è mossa parecchio. Osserva la candela, la figura verde, e noterai che oggi si è mossa tanto, è molto ampia e comunque è in crescita. È una moneta interessante, una delle criptovalute storiche. Tuttavia in questo momento non rispecchia certo le caratteristiche del rally. Il rally è già cominciato 4 giorni fa, quindi potrebbe finire. Poi, per carità, potrebbe anche crescere ancora, però se dovessimo – anzi, se ci dobbiamo – attenere a delle regole, e nel trading è bene avere delle regole ben chiare, NEO non rientra nella strategia.

Quindi torniamo indietro e vediamo TRIG.

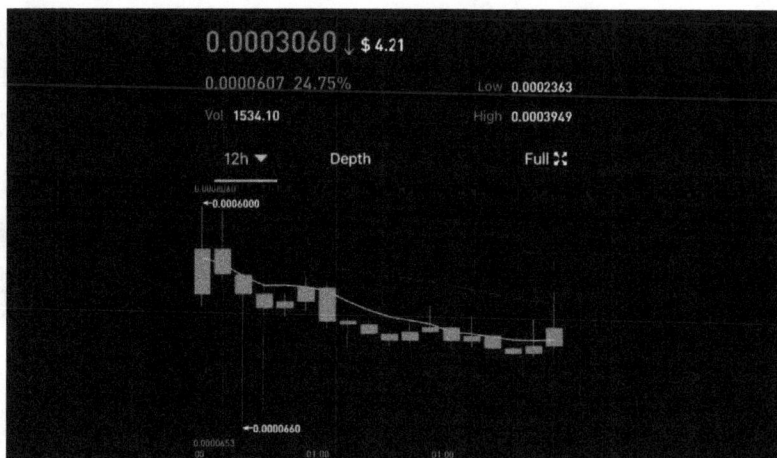

TRIG è una moneta nuova e le monete nuove, poiché partono da un prezzo molto alto, vanno a sfalsare un po' il grafico, quindi dobbiamo cercare di escludere il primo giorno, in modo che si possa vedere meglio il range. Per questo ho messo il grafico a 12 ore invece che a 24 ore (1 day). Vediamo che l'andamento di TRIG è interessante, perché viene da un periodo di 6-7, forse 8 candele abbastanza laterali e oggi ha una candela verde molto alta. Anche il volume è in crescita e inoltre ha avuto un minimo molto basso e un massimo molto alto. In questo momento è a 3.060, pari a 4,21 dollari.

È una moneta interessante, perciò la analizzeremo meglio dopo aver valutato anche GAS. Vediamo GAS.

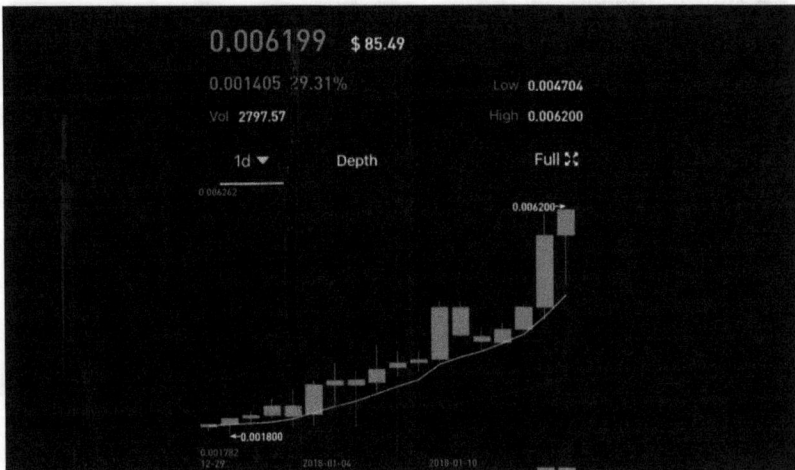

GAS, come NEO, è partita 4 giorni fa, quindi è in crescita, anche ieri è cresciuta tantissimo, ma non rientra nella strategia di rally, perciò anche in questo caso ci possiamo aspettare che continui a scendere, o a salire, ma anche no.

Diciamo che il rapporto rischio/rendimento in questo momento è pericoloso, perché potrebbe crollare, anche se devo dire che, guardando il grafico, è tutto verde e non fa altro che crescere.

Dal punto di vista del lungo termine può essere interessante, perché se una moneta è passata da 1.800 a 6.000 vuol dire che è cresciuta di 4 volte negli ultimi 20 giorni. Però non rientra nella strategia del rally, quindi la escludiamo.

Per ora l'unica moneta in questa scarsa scelta di oggi sembra essere proprio TRIG. Osserviamola meglio. L'abbiamo vista a 12 ore, abbiamo visto che ha avuto la candela verde, ora vediamola sull'orario.

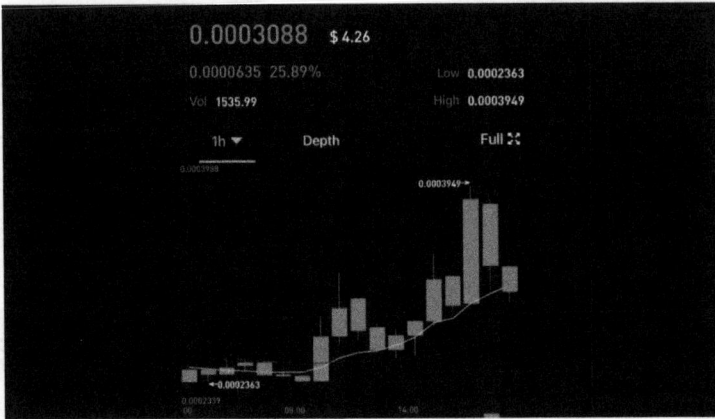

Sull'orario ha avuto una buona crescita alle 9 del mattino, poi ha ritracciato un po', quindi ha continuato a salire; nel pomeriggio c'è stata una grossa crescita che però è stata tutta annullata nelle ultime due ore. Vediamo un grafico più puntuale, a 15 minuti, e analizziamo i passaggi in cui cresce e decresce, cresce e decresce.

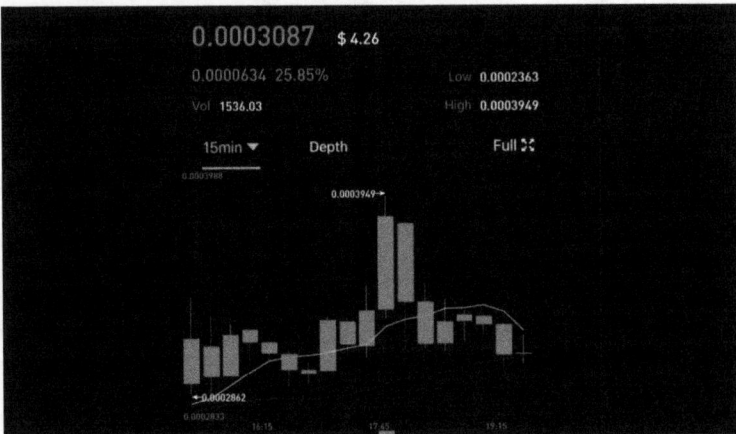

In questo momento è molto bassa. Se segue questo flusso, secondo il quale è laterale già da un po', potrebbe essere buono comprare in questo momento in cui il prezzo è basso e rivendere quando risalirà. Se anche solo risalisse al massimo di qualche ora prima, 3.900-4.000, avremmo fatto più del 20%, quindi è una moneta interessante.

Ok, compro! Faccio buy: sta a 4,26, quindi vado a comprare, a offrire il prezzo limit che suggerisce lui. Mettiamo una modesta quantità, 300 – circa 1.200 dollari di valore – e compriamo a 3.065 (300 pezzi a 3.065).

Il mio ordine è stato piazzato, è il primo in lista. Aspetto che venga eseguito. Quando fai un ordine limit, potrebbe anche non venire eseguito; se il titolo sale ci sarà qualcuno che offre più di te e in qualche modo ti prende il posto.

Ecco, in questo momento 3.065 è stato eseguito, scala l'ordine. Significa che ci sono persone che stanno vendendo alla cifra che abbiamo offerto. L'ordine è stato dapprima eseguito parzialmente e poi completamente. Quand'è che un ordine viene eseguito completamente? Quando le persone vendono, quindi ci sta che subito dopo scenda ancora un pochino, ma noi confidiamo nel fatto che, secondo le strategie, questa moneta possa salire.

Adesso dobbiamo solo vedere cosa succederà nei prossimi giorni grazie a queste strategie, grazie a quell'analisi precisa che spesso ci consiglia di rinunciare a monete che sembrano promettenti, che hanno un trend positivo.

Ma la psicologia tende a fregare la mente del trader ed è bene attenersi a delle strategie che hanno già dimostrato di funzionare.

Tante volte avrei comprato monete solo perché mi piaceva il grafico ma, poiché non rispecchiavano le strategie, poi sono crollate. Quando invece ho seguito alla lettera la strategia, le performance sono state eccellenti.

NOTA: ho comprato a 4,23 dollari e poco dopo stava a 4,21. Ma lo sai cos'è successo nel giro di 90 minuti?

Rally Trading™

**Dopo soli 90 minuti
#TRIG è arrivato a 5,09
e abbiamo chiuso a +20%!**

🛡 **Triggers**   ▲ **+20.42%**

100 TRIG ($509.21)   **$5.09**

TRIG è salito a 5,09 dollari e ho chiuso l'operazione a +20%. In soli 90 minuti. Risultato straordinario.

Capitolo 6:
Strategie di acquisto per le criptovalute

In questo capitolo parleremo di come comprare le monete. È una fase molto importante e delicata e bisogna fare attenzione ad alcuni piccoli particolari, ma soprattutto bisogna fare attenzione alla strategia di money management che utilizziamo, per non mettere a rischio il nostro intero capitale.

Vedremo anche come fare l'ordine e come monitorare l'ordine e il profitto, che è un'altra di quelle domande che ci viene rivolta veramente molto spesso dai Membri del RallyClub™. Le persone fanno una gran confusione tra dollari, Ethereum e Bitcoin. Non sanno come conteggiare i propri profitti e spesso non si accorgono di aver guadagnato un sacco di soldi solo perché, a causa dei cambi con le monete e la volatilità delle cripto, non si rendono conto di aver guadagnato in dollari.

Per prima cosa parliamo del *money management*, ossia della

88

gestione del denaro. Sappiamo che le criptovalute sono rischiose e che una delle regole fondamentali del Forex, del trading in azioni, di ogni forma di investimento, è di non investire mai tutto il capitale su una singola operazione.

Quella che noi usiamo come strategia di money management più diffusa è di non investire mai più del 10% del capitale su una singola moneta. Così, anche se perdi il 10% o il 20% in una operazione, perché magari hai preso un crollo importante, in realtà hai perso l'1 o il 2% del capitale. E se la moneta scende del 30%? Hai perso il 3%.

MONEY MANAGEMENT
- ## Le criptovalute sono rischiose.
- ## Non investire mai più del 10% del tuo capitale su una singola moneta.
- ## Così anche se perdi il 20% o il 50%, in realtà hai perso solo il 2/5%.

SEGRETO n. 1: una buona strategia di money management consiste nel non investire mai più del 10% del capitale su una singola moneta perché in questo modo, anche nel caso di un crollo importante, il capitale ne verrebbe intaccato solo in minima parte.

Se fai un corretto money management, stai tranquillo che andrai alla grande. Ovviamente dipende anche da quanti soldi hai. Come dicevo prima, in fase di bonifico, se hai solo 100 dollari, è chiaro che dividere in operazioni da 10 dollari non è fattibile. Magari puoi fare delle operazioni più grandi. L'ideale è avere 1.000 dollari e fare 10 operazioni da 100 dollari, o avere 500 dollari e fare 5 operazioni da 100 dollari.

Quando hai cifre molto piccole, dividere e investire solo il 10% diventa complicato, a causa di alcune limitazioni, in termini di investimenti minimi, in centesimi di Ethereum, in centesimi di Bitcoin, per i quali non si riesce a fare il cambio. Comunque, se hai almeno 500-1.000 euro, questa regola è sacrosanta, mai più del 10% su una singola moneta. Se hai solo 100 euro, allora devi valutare di fare un paio di operazioni e non di più.

Quando acquisti le monete, questo è importantissimo, è indifferente la moneta con cui stai comprando. Puoi usare quella che vuoi, puoi comprare con Bitcoin, puoi comprare con Ethereum e puoi comprare con dollari.

Conta solo il valore in dollari USA corrispondente a quanto compri e a quanto vendi. A te non interessa avere più Bitcoin nel portafoglio, a te interessa fare soldi, portare a casa un profitto, interessa che, se un domani cambi tutto in dollari o in euro, avrai più euro di prima. E questo lo puoi calcolare solo facendo i conti a mano con i dollari. Non puoi farlo con i Bitcoin o con gli Ethereum.

Pertanto puoi comprare con i Bitcoin e con gli Ethereum, ma i conteggi li devi fare in dollari. Se Ripple sta a 0,5 dollari, sta a 0,5 dollari; che poi tu lo compri con X millesimi di Bitcoin, o con X millesimi di Ethereum non importa, non ti interessa, stai comprando Ripple a 0,5 dollari.

SEGRETO n. 2: indipendentemente dalla moneta che usi per comprarne un'altra, per te conta solo il valore in dollari USA

relativo al prezzo a cui hai comprato e a quello a cui hai venduto; pertanto devi sempre fare i conteggi in dollari.

Ti faccio un esempio per aiutarti a capire. Una Ferrari costa 250.000 euro e non importa con quale moneta la paghi; la puoi pagare in dollari, in yen, in moneta araba, credimi, il concessionario Ferrari prende tutto, ma vuole un valore di 250.000 euro. Non importa quale moneta cambi, stai pagando 250.000 euro di roba e alla fine possiedi una Ferrari, non possiedi il cambio Ferrari-Bitcoin.

Questo è un altro concetto importante che ti deve entrare in testa: tu non possiedi il cambio. Se hai comprato Ripple con Ethereum, non ti importa cosa fa l'Ethereum dopo che hai comprato i Ripple, in questo momento possiedi i Ripple, non gli Ethereum, non possiedi un cambio, hai la Ferrari. Se poi ETH si svaluta, chi se ne importa, tu rimani con la tua Ferrari e la Ferrari continua a valere 250.000 euro. Solo se la Ferrari è incidentata, vale di meno. O se la Ferrari diventa una Ferrari da collezione, vale di più, indipendentemente dagli yen, dagli Ethereum o dai Bitcoin.

Perciò la moneta con cui hai comprato la puoi dimenticare, non ti interessa sapere se scende o se sale. Se Ethereum scende, tanto meglio, significa che se fossi rimasto con quella moneta in mano avresti perso soldi; invece, avendo comprato il Ripple, che è salito, hai guadagnato. E se anche gli Ethereum fossero saliti? Bene, sai solo che se tenevi gli Ethereum sarebbero saliti anche loro. Ma non ti interessa, non li hai più gli Ethereum, non possiedi il cambio. Tu possiedi la Ferrari, possiedi il Ripple, la moneta che hai comprato, mentre la moneta che hai usato per comprare non ce l'hai più, quindi non ti interessa sapere cosa fa, discorso chiuso.

Devi ragionare in dollari e basta, perché il mondo e i media ragionano in dollari. L'exchange ti dà sempre il valore oggettivo in dollari, tutti gli exchange ti danno anche la conversione in dollari, quindi è anche un modo universale con cui parlare. In più tu vuoi dollari in cassa, non vuoi Bitcoin, perché quando un giorno deciderai di uscire dalle criptovalute avrai bisogno di dollari da trasformare in euro, o in quello che vuoi, ma non di Bitcoin. L'obiettivo è fare più dollari che è un parametro oggettivo per capire se hai guadagnato da un investimento.

Tornando alla fase di acquisto, in alto puoi scegliere la colonna con cui comprare e, se vuoi scambiare Ethereum con Bitcoin, o viceversa, vai su BTC e scegli Ethereum. Quindi, se vuoi comprare Ethereum, farai "Buy" Ethereum contro BTC. Se invece vuoi vendere gli Ethereum e comprare Bitcoin, farai "Sell" Ethereum, ma sempre da qui devi passare.

Perciò vai sugli ordini, su "Market", selezioni la moneta e, ad esempio, fai "Buy". Quindi, su "Trade", vai su limit o market, ossia scegli "Limit Order" o "Market Order", inserisci il prezzo offerto, la quantità, e clicchi su "Buy". Le commissioni su

94

Binance, vanno dallo 0,005 allo 0,01% quindi parliamo di un millesimo percentuale o, addirittura, di mezzo millesimo, 5 decimillesimi percentuali di commissioni, che sono praticamente trascurabili quando hai come obiettivo di profitto non meno del 10 o 20%.

Con un profitto così alto come obiettivo, una percentuale che è un millesimo è totalmente ininfluente, perciò non ti preoccupare delle commissioni, quelle di Binance sono veramente basse, non sono mai un problema.

Qual è la differenza tra ordine market e ordine limit? L'ordine market viene eseguito subito al prezzo di mercato, ed è quello che ti consiglio, mentre l'ordine limit è eseguito al prezzo che decidi tu, ma solo quando incontri un venditore che accetta. E mi è capitato svariate volte di aver messo un ordine limit – perché oltretutto di default Binance ti mette l'ordine limit – e, dopo aver piazzato il mio bell'ordine, la moneta è salita improvvisamente, o stava salendo già, e il mio ordine non ha trovato nessun venditore.

In questo caso devo annullare l'ordine, andando su "Open Order", in alto a destra, cancellare l'ordine limit e poi selezionare ordine market, che a quel punto viene eseguito, ma nel frattempo magari ho perso un 3-5% di profitto. Perciò fai attenzione quando ci sono delle monete che salgono velocemente, è molto meglio un ordine market che viene eseguito subito piuttosto che sperare di spendere qualche centesimo di meno ma poi non vedere mai eseguito l'ordine. Mi è capitato diverse volte ed è stata una grande perdita economica. Pertanto ultimamente utilizzo spesso l'ordine market, anche perché le commissioni sono sempre le stesse.

SEGRETO n. 3: soprattutto nel caso di monete che salgono velocemente, conviene fare un ordine market, che viene eseguito subito, perché un ordine limit potrebbe anche non venire mai eseguito.

In alto a destra ci sono gli "Open Order", ossia gli ordini ancora non eseguiti, dove troverai gli ordini limit, quelli che, appunto, se hai voluto impostare il tuo prezzo e non ci sei riuscito, sono rimasti aperti. Troverai magari anche gli ordini di chiusura, i famosi take profit. Ne parleremo meglio quando ci occuperemo di strategie di uscita, ma se decidi che da una moneta vuoi guadagnare il 20%, da subito metterai un ordine in take profit, cioè un ordine limit in vendita. Ad esempio, se hai comprato a 100, metterai a 120 un ordine di vendita e lo troverai su "Open Order". Lo puoi cancellare in qualsiasi momento, senza alcuna spesa. Nell'Order History, un po' più in alto, trovi invece la lista degli ordini eseguiti con i relativi prezzi d'acquisto. Per ciascun ordine, ti dice esattamente a che ora è stato eseguito e a che prezzo.

Come fare per tracciare i profitti? Ti consiglio di usare un file Excel dove segnarti tutte le operazioni in entrata e uscita. E se sei già Membro del RallyClub™, nella tua area utente troverai il file Excel che io stesso utilizzo per tracciare con esattezza tutte le transazioni.

Data	Moneta	Quantità	Buy $	Sell $	Guadagno unitario $	Guadagno TOTALE $	Guadagno %
ieri	XRP	10	$0,50	$0,60	$0,10	$1,00	20,00%
oggi	BTC	10	$6.000,00	$8.000,00	$2.000,00	$20.000,00	33,33%
			$0,00	$0,00	$0,00	$0,00	#DIV/0!
			$0,00	$0,00	$0,00	$0,00	#DIV/0!
			$0,00	$0,00	$0,00	$0,00	#DIV/0!
			$0,00	$0,00	$0,00	$0,00	#DIV/0!
			$0,00	$0,00	$0,00	$0,00	#DIV/0!
			$0,00	$0,00	$0,00	$0,00	#DIV/0!
			$0,00	$0,00	$0,00	$0,00	#DIV/0!
			$0,00	$0,00	$0,00	$0,00	#DIV/0!
			$0,00	$0,00	$0,00	$0,00	#DIV/0!
			$0,00	$0,00	$0,00	$0,00	#DIV/0!
			$0,00	$0,00	$0,00	$0,00	#DIV/0!
			$0,00	$0,00	$0,00	$0,00	#DIV/0!
			$0,00	$0,00	$0,00	$0,00	#DIV/0!

Istruzioni
1. Riempi i dati in rosso
2. Trascina la formula del guadagno dall'alto verso la nuova cella

Perché? Perché sul file Excel non ti puoi sbagliare, inserisci il prezzo d'acquisto in dollari, il prezzo di vendita in dollari e le quantità, e in automatico ti calcola quanto hai guadagnato e in che percentuale. L'importante è che ti appunti il prezzo in dollari al momento dell'acquisto.

A questo punto può sorgere una domanda: ma se la moneta che sto comprando, ad esempio Ripple, non la posso comprare in dollari ma solo in Bitcoin o in Ethereum, come faccio a segnare i prezzi in dollari? Quando imposti l'ordine di vendita o di acquisto, il limit order o anche market, ad esempio se imposti l'ordine in Ethereum, sotto ti dirà che questa cifra ha l'equivalente esatto in dollari di 0,51, e sarà quello il prezzo che inserirai nel file Excel, perché quello è il tuo prezzo di acquisto. E lo stesso farai con il prezzo di vendita, così avrai i dettagli esatti in dollari.

Se ad esempio l'ordine viene eseguito all'una di notte, perché avevi lasciato un ordine aperto, dovrai andare a ricostruire il prezzo.

Magari dal grafico del Bitcoin sai di aver pagato 0,01 Ethereum, e devi andare a vedere a quanto stava l'Ethereum all'una di notte. Se stava a 500 dollari, moltiplicherai per 500 il prezzo in ETH e otterrai il prezzo esatto in dollari.

Quindi nel file Excel puoi inserire la data, il nome della moneta, la quantità, il prezzo di vendita e il prezzo di acquisto e quello ti ricaverà in automatico le percentuali.

SEGRETO n. 4: per tenere traccia delle transazioni e dei profitti, utilizza un file Excel, in cui inserirai il prezzo di acquisto e quello di vendita rigorosamente in dollari, che ti calcolerà automaticamente quanto hai guadagnato e in che percentuale.

In alternativa al file Excel, ci sono delle app per smartphone come Delta o Blockfolio. Delta è l'app che utilizzo per mostrare e per condividere il mio portafoglio sul canale Telegram, ma solo perché è attraente dal punto di vista grafico, perché a livello di funzionalità è analoga a un foglio Excel.

Anzi, in realtà ha un grave difetto, quello di inventarsi ogni tanto i numeri. Inserisci un prezzo di acquisto in BTC o ETH e fa una conversione errata in dollari. Probabilmente ha dei valori di cambio diversi da quelli di Binance, anche se selezioni Binance, e fa sballare molti conteggi. Il file Excel è più funzionale e più preciso.

L'altra app, Blockfolio, permette di inserire il prezzo esatto in dollari, ma è più brutta graficamente, perciò ti consiglio di utilizzare il file Excel per avere la certezza di cosa hai comprato e cosa no.

Perché ti dico questo? Perché spesso mi dicono: «La mia moneta è scesa rispetto al Bitcoin, per cui ho perso dei soldi». Ma non è vero, perché magari il Bitcoin è crollato, o è salito, e ha fatto sballare la quotazione rispetto al Bitcoin, ma in realtà la moneta è cresciuta in termini di dollari. Nel tuo portafoglio, il capitale è aumentato, per esempio, da 1.000 dollari a 1.200 dollari, questo è il dato di fatto. L'unico dato di fatto oggettivo. Ricorda la metafora della Ferrari e capirai esattamente cosa voglio dire.

SEGRETO n. 5: in alternativa al file Excel, puoi usare delle app per smartphone, come Delta e Blockfolio, che non sono però altrettanto precise e che spesso non gestiscono adeguatamente i valori espressi in dollari.

Riepilogando, abbiamo visto qual è la strategia di money management da applicare – ossia non investire più del 10% del capitale per singola operazione – i passaggi per fare l'ordine market e limit, e come monitorare gli ordini e i profitti attraverso il file Excel o, se preferisci, attraverso le app per smartphone. Nel prossimo capitolo vedremo come uscire dall'investimento e come impostare i famosi stop loss e take profit.

RIEPILOGO DEL CAPITOLO 6:

- SEGRETO n. 1: una buona strategia di money management consiste nel non investire mai più del 10% del capitale su una singola moneta perché in questo modo, anche nel caso di un crollo importante, il capitale ne verrebbe intaccato solo in minima parte.

- SEGRETO n. 2: indipendentemente dalla moneta che usi per comprarne un'altra, per te conta solo il valore in dollari USA relativo al prezzo a cui hai comprato e a quello a cui hai venduto; pertanto devi sempre fare i conteggi in dollari.

- SEGRETO n. 3: soprattutto nel caso di monete che salgono velocemente, conviene fare un ordine market, che viene eseguito subito, perché un ordine limit potrebbe anche non venire mai eseguito.

- SEGRETO n. 4: per tenere traccia delle transazioni e dei profitti, utilizza un file Excel, in cui inserirai il prezzo di acquisto e quello di vendita rigorosamente in dollari, che ti calcolerà automaticamente quanto hai guadagnato e in che percentuale.

- SEGRETO n. 5: in alternativa al file Excel, puoi usare delle app per smartphone, come Delta e Blockfolio, che non sono però altrettanto precise e che spesso non gestiscono adeguatamente i valori espressi in dollari.

Capitolo 7:

Strategie di uscita dall'investimento

In questo capitolo parleremo di uno degli aspetti più delicati, più complessi e più difficili da mettere in pratica. Così com'è facile entrare in un investimento presi dall'entusiasmo di guadagnare, è altrettanto difficile uscire sia in caso di guadagno, sia in caso di perdita.

In caso di guadagno, infatti, abbiamo sempre la sensazione che potremmo guadagnare di più, che potremmo guadagnare all'infinito, che abbiamo preso il treno giusto. E il più delle volte non ci accontentiamo. La famosa "avidità" dei cicli economici. Questo però spesso porta a perdere i picchi massimi a causa del crollo della moneta.

Di contro, in caso di perdita, abbiamo paura di monetizzare quella perdita e magari la moneta continua a scendere finché diventa difficile prendere una decisione a caldo, mentre ci siamo dentro.

Invece è importantissimo avere delle strategie di uscita molto chiare e definite prima di fare l'investimento. *Prima* è la parola chiave.

Parleremo anche di stop loss, di take profit e vedremo quali sono tutte le strategie di uscita da un investimento, sia in fase di salita sia in fase di calo, analizzando anche un caso particolare, cioè cosa fare in caso di crollo del mercato. Se ne sono visti tanti, e vanno gestiti a sangue freddo.

Innanzitutto, hai fatto un investimento e devi vendere le tue monete. Quando vendi è indifferente con quale moneta avevi comprato, perché puoi trasformarla in quello che vuoi, quindi puoi aver comprato in Bitcoin per poi rivendere in Ethereum, ma quello che veramente conta, come abbiamo già visto in fase di acquisto, è esclusivamente il dollaro, perché sul nostro conto corrente vogliamo avere più dollari.

Pertanto il nostro punto di riferimento è il dollaro, indipendentemente da quello che è l'andamento della moneta con cui abbiamo comprato. Perché noi possediamo la Ferrari, non possediamo il cambio, possediamo il Bitcoin, non abbiamo il cambio del Bitcoin rispetto all'Ethereum o del Ripple rispetto a al Bitcoin, noi possediamo la nostra moneta in portafoglio. Quindi, una volta che vendi la moneta, o quando decidi con quale moneta vendere o con quale moneta scambiare, puoi vendere con quello che vuoi, puoi vendere in Bitcoin o in Ethereum, che sono le più diffuse e sulle quali c'è il cambio in tutte le monete.

Però poi può essere utile, quando converti, che trasformi in Tether dollari per non lasciare il capitale a rischio di fluttuazioni. I *Tether Dollar (USDT)* sono una criptovaluta che simula l'andamento del dollaro, quindi non è soggetta a fluttuazioni. Questo non vuol dire che siano dollari, gli USDT sono sempre una criptovaluta che ha gli stessi rischi delle altre cripto. Tuttavia una delle strategie più opportune da mettere in pratica, soprattutto per rimanere al riparo da possibili crolli di mercato, è ragionare sempre in dollari e ragionare in dollari vuol dire, in questo caso, ragionare in Tether dollari.

Una volta che hai ritrasformato in una moneta, ad esempio Bitcoin o Ethereum, la ritrasformi in Tether dollari, in modo da non lasciare il capitale a rischio: rischio di crolli, rischio nel caso tu non sia al computer, qualsiasi tipo di fluttuazione.

Se tieni il tuo capitale di investimento tutto in Bitcoin deve essere perché hai deciso di investire in Bitcoin, perché magari c'è un rally in Bitcoin, e non perché lasci i tuoi soldi lì per caso. Nel dubbio, riconverti in Tether dollari, a meno che non stia già per rinvestire su un'altra moneta, in quel caso ti risparmi le transazioni. Se devi ricomprare una moneta immediatamente, tanto vale lasciarla in Bitcoin e fare un nuovo investimento. In linea generale, tieni il capitale non investito in Tether dollari.

SEGRETO n. 1: io tengo il capitale non investito in Tether Dollar (USDT), una criptovaluta che simula l'andamento del dollaro e mette al riparo da crolli o fluttuazioni negative.

Vediamo adesso quali sono le strategie per uscire e come seguire un investimento. Partiamo dal fatto che la strategia ci porta verso l'alto, ossia che stiamo guadagnando. La prima strategia è il *trailing stop o stop dinamico*. È una strategia che viene dal trading tradizionale, non sempre facile da applicare alle criptovalute. *Trailing stop* significa lasciar correre i guadagni senza limiti, quindi non bloccare i guadagni con un ordine di vendita, ma vendere solo quando il prezzo torna indietro, ovvero, come si dice in gergo, quando *ritraccia*, quando riscende un po', magari del 5%. Per esempio, compri a 40 dollari, sale fino a 60 dollari e poi riscende di un 5%, arrivando a 57 dollari. A quel punto vendi.

Devi pertanto inseguire la salita, il tuo stop cresce a mano a mano che sale la moneta, in questo caso è un ordine stop limit, però va aggiornato man mano che la moneta sale, in modo da continuare a seguire il guadagno. È la strategia migliore in assoluto, anche se ha una controindicazione. Poiché le cripto sono molto volatili, molto rapide a salire ma anche scendere, un -3/5% può avvenire anche in pochi minuti, quindi se lo stop è troppo vicino, rischia di essere preso e di farti uscire al momento sbagliato. In ogni caso la usiamo molto ultimamente e sta dando ottimi risultati.

SEGRETO n. 2: il trailing stop consiste nel lasciar correre i guadagni vendendo solo quando, dopo una fase di salita, la moneta riscende di una determinata percentuale.

La seconda strategia è il *take profit*. Stabilisci un obiettivo e vendi quando lo hai raggiunto, ad esempio il 20%. Il nostro obiettivo nel Rally Trading è fare il 20% al giorno: è un risultato enorme, clamoroso, che ti permette di moltiplicare i soldi già in un mese. Ma è importante inserire subito l'ordine di vendita. È un ordine di vendita semplice, un ordine limit a un prezzo particolare, e questo prezzo è +20%. Prendi sempre il prezzo che hai pagato per una moneta in dollari; per esempio, se hai comprato Ripple a 0,50 dollari, lo vuoi rivendere a 0,60 dollari, il 20% in più.

Cosa fai? Sull'exchange che stai utilizzando (questa è l'app di

Binance), vai su "Trade", metti "Limit Order" e inserisci il prezzo di vendita (ovviamente questo prezzo deve essere +20%). Poi inserisci la quantità, quindi il 100%, tutte le monete che hai, e clicca su "Sell".

Cosa succede poi? Quando la moneta raggiunge, ad esempio, il valore di 0,60 dollari, automaticamente avviene la vendita, e tu ti porti a casa il tuo profitto del 20%. È un buon metodo per sfruttare gli *spike*, i picchi, magari momentanei, che queste monete hanno, perché, come ti ho detto, lo stop viene preso facilmente verso il basso, ma si può prendere anche per un guadagno verso l'alto. Perciò basta un momento in cui la moneta cresce del 20% e, automaticamente, ti porti a casa un guadagno del 20%. È una strategia che nelle criptovalute funziona veramente molto bene.

SEGRETO n. 3: il take profit ti permette di moltiplicare i profitti in poco tempo e di sfruttare i picchi, anche momentanei, tipici delle criptovalute.

Ora, come fare se la moneta, per esempio Ripple, non viene

scambiata direttamente con i dollari ma con gli Ethereum o con i Bitcoin? Bene, tu devi calcolare il valore in Bitcoin o in Ethereum rispetto al dollaro. Ma l'app ti aiuta, perché quando inserisci un valore, per esempio 0,09 Bitcoin, ti dice ad esempio che equivale a 1.000 dollari; nell'app c'è sempre l'equivalenza in dollari con la moneta che stai inserendo.

Perciò se vuoi mettere, in questo caso, un ordine di vendita di Ethereum a 600 dollari, te lo dà in automatico. Fai un po' di prove, finché non ti viene 600 dollari. Stai tranquillo perché, se anche una moneta non è direttamente scambiata con i dollari, puoi fare la stessa cosa con i Bitcoin o con gli Ethereum, andandoti a calcolare (te lo calcola direttamente l'app) il valore in dollari.

Tuttavia, se il valore del Bitcoin o dell'Ethereum, con il quale stai scambiando la moneta, cresce o decresce repentinamente, come ogni tanto accade, ovviamente devi aggiornare il tuo take profit per fare in modo che la corrispondenza con i dollari possa funzionare. Anche questo è importante.

C'è poi un'ulteriore strategia molto interessante, perché è uguale al take profit, ma con il ROI (ritorno sull'investimento) infinito. Cosa è questo *ROI infinito*? Quando la moneta sale del 20%, come nell'esempio di prima, vendi circa l'80% delle tue monete, quindi non il 100%, per rientrare del capitale. Ti faccio un esempio numerico. Investi 100 dollari in Ripple e questi diventano 120 dollari; tu non riprendi subito tutto, non ti riprendi tutti e 120 i dollari, ma solo i 100 dollari iniziali (83,33%), che erano il tuo capitale, quindi sei andato in pari. I 20 dollari di guadagno, di margine, li lasci investiti in Ripple. Queste monete, che in qualche modo hai creato gratis, da zero, perché il capitale te lo sei ripreso, e che stanno lì a costo zero, le lasci correre all'infinito.

Si parla di ROI, ritorno sull'investimento, infinito, proprio perché non ti costano nulla; ormai stanno lì e qualunque sia la percentuale secondo la quale continuano a moltiplicarsi, è un guadagno infinito. Inoltre, personalmente le lascio dentro a medio-lungo termine, proprio per creare un patrimonio in monete.

Se ci pensi, non sappiamo quale sarà il futuro dei Bitcoin, quale moneta passerà magari da mezzo dollaro di oggi a 10.000 dollari tra qualche anno. Ma se un investimento dopo l'altro lasci sempre nella cassa del tuo exchange un po' di monete, un po' di Ripple, un po' di TRON, un po' di Verge, un po' di questo e un po' di quest'altro, quando tra un anno una di queste monete magari sarà esplosa, ti troverai veramente con tanti soldi in più. È come se avessi acquistato il Bitcoin a 1 dollaro qualche anno fa: oggi te lo ritroveresti a 7.000 dollari o anche più.

Noi non sappiamo esattamente quale sia la moneta giusta, non abbiamo la palla di vetro, ma se ne lasciamo un po', ci sta che le probabilità aumentino. Si tratta pertanto di una strategia molto interessante, che però puoi applicare solo se hai un capitale importante, dai 1.000 dollari in su.

Se stai facendo trading con 100 dollari, la prima necessità è aumentare il capitale, perciò ti converrà riprenderti i 120 dollari che poi, magari, la volta successiva diventeranno 144, poi 200 e così via. Se hai pochi soldi, ti conviene riprenderti il 100% delle monete per poterle reinvestire e far crescere il capitale.

In questo caso la vendita è identica a prima: vai su "Trade", metti un ordine limit e imposti il prezzo a +20%. L'unica differenza è che, nella quantità, metterai l'80%; nel caso dell'app di Binance, ad esempio, togli una parte o, se ricordi quanto avevi investito, ti riprendi il capitale e lasci esclusivamente una parte, quel 20% di margine in più, e fai "Sell", esattamente come prima.

Con queste strategie, ti vai a prendere un profitto del 20% subito, rapido, veloce. C'è capitato in tantissime operazioni di prenderlo in un paio di giorni, in 24 ore, addirittura di prenderlo in 90 minuti. Quindi, a seconda di come va poi l'operazione, il rally finisce nel momento in cui prendi il take profit del 20%.

Se invece la moneta su cui hai investito *scende*, cosa devi fare? Può capitare, ovviamente, perciò, prima di investire, prima di trovarti nella situazione, devi essere preparato, pronto, con delle strategie.

La prima strategia, la più classica, che viene anch'essa dal trading tradizionale, è quella dello *stop loss*. Stabilisci la perdita massima che sei disposto a sostenere, ad esempio il 5-10%, e inserisci un ordine stop limit.

Innanzitutto vediamo come si fa un ordine in stop.

STOP LOSS:

1. Stop-Limit
2. Stop: la condizione
3. Limit: il prezzo
4. Quantità
5. SELL
(prezzo < condizione)

Limit	Market	Stop-Limit ❷
Sell TRX		TRX Balance: 7.22900000
Stop:	0.000069	ETH
Limit:	0.000068	ETH
Amount:	7	TRX
	25% 50% 75% 100%	
Total:	0.00047600	ETH

Sell TRX

Dipende da quale exchange hai, ma in generale su Binance vai su "Stop Limit" (non "Limit", non "Market", ma "Stop Limit").. "Stop" è la condizione a cui si deve avverare; nell'esempio, quando TRX arriva a 0,00069 Ethereum, allora ("Limit") vendi al prezzo di 0,00068.

Perché il prezzo di vendita è più basso? Perché vuoi che lo stop venga preso, quindi, se hai una moneta che sta crollando e passa da 70 a 69, poi a 68 e così via e, nel momento in cui arriva a 69, inserisci in automatico un ordine a 69, è probabile che nel frattempo, nel tempo in cui l'ordine viene inserito, la moneta sia già scesa a 68,7-68,6-68,5. Per questo motivo, un ordine allo stesso prezzo dello stop non viene mai eseguito, non trova mai nessun compratore. Invece, se lo metti più basso, se nel frattempo è scesa a 68,5 e tu hai messo un ordine di vendita a 68, viene eseguito immediatamente. Quindi, per stare tranquillo che in caso di discesa possa essere venduto, mettilo sempre un po' più basso. Poi inserisci la quantità e clicca su "Sell".

Bisogna essere cauti con lo stop loss. Innanzi tutto è una falsa sicurezza di protezione, perché se la discesa è repentina, l'ordine non viene eseguito. Se TRX passa da 72 a 70, a 68 e poi a 65, perché ci sono ordini di vendita velocissimi, nessuno ti compra a 68, perché va talmente veloce che gli ordini vanno sempre più in basso del tuo ordine. Quindi tu pensi di essere tranquillo, sicuro, non controlli più, lo stop loss non viene mai eseguito e tu ti ritrovi con una moneta del tutto crollata. In più, se hai bisogno dello stop, vuol dire che non hai seguito le regole di money management che ho descritto all'inizio del libro e che adesso rivediamo.

SEGRETO n. 4: la strategia dello stop loss, in cui si stabilisce la perdita massima che si è disposti a sostenere, inserendo un ordine stop limit, richiede cautela, perché se la moneta cala troppo velocemente l'ordine potrebbe non essere eseguito.

La strategia forse più importante in caso di perdita, cioè la strategia di money management, prevede di non investire mai più del 10% del capitale su una singola moneta, su una singola operazione. Non devi mai investire più del 10% perché se no il tuo rischio aumenta. In questo modo, anche se lo stop loss non viene eseguito e perdi il 20%, il 30%, il 50%, in realtà, in termini di capitale, hai perso pochissimo – il 2, il 3, il 5%, – e non arrivi mai a perdere il 10%, che magari era il limite che ti eri imposto prima. Per perdere il 10%, la moneta deve andare completamente a zero, e in quel caso hai perso tutto, perché la moneta è scesa del 100%, cosa che però non ho mai visto fare, una moneta non va mai a zero, a meno che, appunto, non fallisca un progetto, o che non fosse uno schema Ponzi, una moneta fasulla. Ma in un investimento fatto su un exchange serio, generalmente quel tipo di moneta non c'è. In ogni caso, mai investire più del 10% del capitale su una singola moneta.

Inoltre se segui questa regola, il 90% del tuo capitale (o l'80, il 70, dipende su quante monete stai investendo in contemporanea), lo puoi tenere come faccio io in Tether dollari (USDT), perché così è protetto da crolli generali, è protetto dalle fluttuazioni forti del mercato, dalla discesa di tutto il mercato. Investi poco su un'operazione che ti piace, che risponde ai parametri del rally che hai visto prima, e i soldi non investiti in Tether dollari. Questo è molto importante.

Un'altra strategia che utilizzo è la seguente. Se una moneta cade,

117

se scende del 20%, del 30%, del 50%, sai che la perdita è limitata dal money management e che pertanto va dal 2 al 5%, e che, se non riesci proprio a recuperare una perdita su una singola moneta, puoi vendere tutto quando stai guadagnando su altre monete. È raro avere una sola operazione in piedi, magari ne hai due o tre. È capitato anche a me che una moneta fosse sbagliata, ma se segui con esattezza i parametri del Rally Trading, come abbiamo visto, statisticamente hai probabilità a favore di prendere monete con successo, monete in profitto.

Mi è capitato una volta di avere una moneta negativa, ma nel frattempo ne avevo tre in positivo, quindi, a un certo punto, la moneta che non tornava più su l'ho venduta sì in perdita, su quella singola operazione, ma nel complesso il portafoglio era in positivo, anzi, fortemente in positivo. Perché quando hai 4 monete e 3 vanno bene e una va male, le 3 positive coprono ampiamente la perdita di quella negativa e ti mandano in profitto. In questo caso si chiama *mediare il portafoglio* e va benissimo, è una strategia che puoi applicare tranquillamente.

SEGRETO n. 5: se hai 3 o 4 operazioni aperte su altrettante

monete, anche se una di queste cala molto, i profitti delle altre spesso sono sufficienti a coprire la perdita e a mantenere il portafoglio in attivo.

Ma c'è ancora un'altra possibilità, quella che tutto il mercato stia crollando, che tu abbia 4-5 operazioni aperte, nessuno stop loss posizionato e tutte le monete a -10, -20%. Può capitare, ne ho affrontati tanti di crolli.

Innanzitutto un crollo che si possa definire tale è una perdita che va dal 50% al 90% e, da quando sono in questo business non ho mai visto una perdita così elevata, che si possa definire un crollo vero.

Un crollo si può avere quando è diffuso su tutte le criptovalute, cioè quando l'intero mercato sta crollando, sta perdendo tanti soldi e rende impossibile qualsiasi rally. Non esiste nessuna moneta che riesca a fare +30%, +40% o +50% nel momento in cui stanno crollando tutte. Soprattutto se crollano le monete principali, come Bitcoin, Ethereum, Litecoin, tutte le altre le seguono e si diffonde una tale atmosfera di pessimismo nel mondo degli investitori, che tutte le monete crollano perché la gente trasforma in dollari e si riporta a casa i soldi per la paura.

Iniziamo allora con il dire che un calo del 20-30% non è un crollo, è normale, è molto frequente nelle criptovalute e non bisogna spaventarsi. Perché, se è normale e ci fa comodo quando vediamo tante monete che fanno +20%, +30%, +50%, è altrettanto normale un calo ciclico altrettanto grande: con la stessa facilità con cui le monete fanno +30%, altrettanto facilmente possono fare -30%, ma questo non vuol dire che il mondo stia crollando.

Abbiamo visto anche un'altra cosa, ossia che, storicamente, la moneta si riprende sempre. Chiaro, non è una garanzia per il futuro, non possiamo sapere cosa succederà in futuro, però sappiamo, dai dati di fatto, che storicamente si riprende sempre. Personalmente ho affrontato un sacco di "crolli" con il Bitcoin. Il 15 settembre 2017, il Bitcoin è passato da 4.600 dollari a 3.000 dollari: -34%.

Pensa che è proprio il momento in cui io sono entrato in questo mercato, pagando i Bitcoin solo 2.500 euro. Ho approfittato di un crollo, stavo osservando il mercato da pochi giorni e c'è stato un crollo dovuto a quanto detto da una nota società di investimenti, che affermava che il Bitcoin era una truffa. Perciò il Bitcoin è crollato e, tra l'altro, come siamo venuti a sapere poi, quella stessa società di investimenti in quell'occasione ha comprato un sacco di Bitcoin.

Ciò significa che in un mercato non regolamentato bastano le news di personaggi importanti, di presidenti di grosse aziende, di società finanziarie, per far crollare il mercato. Poi però spesso queste stesse società ricomprano a prezzi bassi. Chi è che ha perso? Chi ha venduto, chi è andato nel panico, chi non ha creduto nel mercato.

Si trattava di un -34%, forse il crollo più consistente che abbiamo mai visto nel giro di 24 ore. A novembre, è sceso da 7.800 dollari a 5.500 dollari (-28%). A dicembre, da 16.600 a 12.700 (-24%). L'8 gennaio, uno dei picchi massimi, da 19.500, a 13.800 (-29%) e, pochi giorni dopo, il 17 gennaio, da 13.600 dollari a 9.300 dollari (-31%). Poi a febbraio è arrivato a 6.000 dollari per poi risalire a 11.000. E così sarà all'infinito. È stato un passaggio molto dibattuto all'interno del nostro RallyClub™, perché per molti è stato il primo crollo e vedersi togliere un terzo del capitale fa paura, spaventa, stressa.

I MIEI "CROLLI" CON BITCOIN...
- **15.09.17: da 4.600$ a 3.000$ (−34%)**
- **12.11.17: da 7.800$ a 5.500$ (−28%)**
- **09.12.17: da 16.600$ a 12.700$ (−24%)**
- **08.01.18: da 19.500$ a 13.800$ (−29%)**
- **17.01.17: da 13.600$ a 9.300$ (−31%)**

Ma se uno mantiene la calma, storicamente, tutto risale, tutto si riprende. Abbiamo già visto come in seguito queste monete abbiano fatto +20%, +30%, +50%. È sempre così, noi li chiamiamo i *saldi*. Spesso, quando ci sono questi crolli, ormai un po' comandati, quasi scontati, ne approfitto per comprare, perché comprare a prezzo di saldo successivamente ti porta un grande guadagno.

Come gestire questi crolli, oltre a stare calmi? Innanzitutto mantenendo il capitale non investito in Tether dollari, così è immune dai crolli. Quindi se non stai investendo su 10 monete e non hai 10 pacchetti al 10%, sei immune dai crolli magari per il 50-60-70% del tuo capitale, quindi zero preoccupazioni. Se invece hai già delle monete all'interno di operazioni, se hai già investito da 2 a 5, a 10 monete, e ti accorgi del crollo – di solito si vede subito, se è molto forte – io porto subito tutto in Tether dollari.

Quando il Bitcoin era a 15.000 dollari l'ho visto crollare a 14.000, 13.500, 13.000, e ho portato subito in Tether dollari. Perché poi, quando è sceso a 12.000, 9.000, 6.000, ho potuto ricomprare approfittando dei saldi. Ti ritrovi lo stesso numero di Bitcoin che avevi prima, ma in tasca hai migliaia di dollari in più. Quella che per molti è una crisi, un crollo, per chi sa investire è un'opportunità, l'importante è che tu abbia una riserva di Tether dollari, cioè che il capitale non investito lo tenga in Tether dollari e che, comunque, non appena ti accorgi del crollo, si converta in dollari.

SEGRETO n. 6: in caso di crollo dell'intero mercato delle criptovalute, conviene trasformare tutto in Tether dollari per poi ricomprare a prezzi più bassi.

Quando il mercato è giù, ad un certo punto, puoi anche decidere di reinvestire in alcune monete che stanno a saldo, che ti possono coprire appena risalgono un po', la famosa mediazione del portafoglio. Nel mio caso, durante un crollo, ho reinvestito una parte di Bitcoin in perdita su BNB, la moneta di Binance, che, mentre le altre erano ferme o risalivano di poco, ha fatto ottime prestazioni, +30%. Potevo pertanto compensare le perdite di BTC incassando profitti piuttosto corposi su quelle monete che continuavano a salire ed essere profittevoli. Perciò, la mediazione del portafoglio è sempre valida.

RIEPILOGO DEL CAPITOLO 7:

- SEGRETO n. 1: io tengo il capitale non investito in Tether Dollar (USDT), una criptovaluta che simula l'andamento del dollaro e mette al riparo da crolli o fluttuazioni negative.

- SEGRETO n. 2: il trailing stop consiste nel lasciar correre i guadagni vendendo solo quando, dopo una fase di salita, la moneta riscende di una determinata percentuale.

- SEGRETO n. 3: il take profit ti permette di moltiplicare i profitti in poco tempo e di sfruttare i picchi, anche momentanei, che sono tipici delle criptovalute.

- SEGRETO n. 4: la strategia dello stop loss, in cui si stabilisce la perdita massima che si è disposti a sostenere, inserendo un ordine stop limit, richiede cautela, perché se la moneta cala troppo velocemente l'ordine potrebbe non essere eseguito.

- SEGRETO n. 5: se hai 3 o 4 operazioni aperte su altrettante monete, anche se una di queste cala molto, i profitti delle altre spesso sono sufficienti a coprire la perdita e a mantenere il portafoglio in attivo.

- SEGRETO n. 6: in caso di crollo dell'intero mercato delle criptovalute, conviene trasformare tutto in Tether dollari per poi ricomprare a prezzi più bassi.

Capitolo 8:

Come seguire un portafoglio condiviso

Il miglior modo di formarsi e imparare il Rally Trading è vedere qualcuno che lo applica dalla mattina alla sera, tutti i giorni. Guidare con l'esempio rimane l'eccellenza. Ecco perché all'interno del nostro RallyClub™ abbiamo creato una sezione apposita.

Il portafoglio del Rally Trading è probabilmente il più grande valore aggiunto che abbiamo all'interno del nostro Club. Perché, accanto alla formazione di tipo teorico che trovi nei video, nei canali, nel Forum Facebook, nel video-corso, sicuramente poter avere una parte pratica per capire come lavoriamo, come investiamo, quali sono le nostre analisi, è essenziale. Ecco, tutto questo è il portafoglio del RallyClub™. Ci sono le nostre analisi, i nostri investimenti in tempo reale, quando entriamo su una moneta e quando usciamo.

Attenzione, non si tratta di "segnali" o di consigli finanziari, ha solo scopo formativo. È semplicemente il nostro modo di operare, fatto in totale trasparenza. Le analisi sono aggiornate più volte al giorno, anche la domenica e nei festivi; anche a Natale, o a Capodanno, eravamo lì, con tutti i movimenti e le analisi delle monete selezionate.

Applichiamo tutto quello che hai imparato in questo libro, dalla preparazione all'analisi delle monete, dalle strategie di entrata a quelle di uscita.

SEGRETO n. 1: osservando i movimenti del portafoglio del RallyClub™ usufruirai di una vera e propria formazione pratica, essenziale per comprendere davvero i meccanismi del trading sulle criptovalute.

Quello che puoi fare, è formarti attraverso i nostri movimenti e capire cosa fare, perché sei assolutamente libero di investire come e quanto vuoi. Ovviamente sotto la tua responsabilità e sapendo che la speculazione sulle criptovalute è rischiosa. Si può guadagnare denaro? Sì, ma lo si può anche perdere. Perciò è importante che ragioni con la tua testa perché una cosa è perdere denaro perché hai seguito qualcun altro, un altro è perdere denaro perché hai fatto le tue scelte.

I movimenti che vedrai all'interno del portafoglio sono in tempo reale e ti vengono spiegati passo passo ma devi tenere a mente che hanno uno scopo formativo. L'obiettivo è farti imparare da quello che facciamo per creare magari un tuo metodo di investimento, farti capire in che modo applichiamo il Rally Trading per poi renderti indipendente.

Sono sempre dell'idea che sia meglio *insegnare a una persona a pescare piuttosto che sfamarla dandole un pesce al giorno.*

In altre parole, voglio che impari a pescare, che impari a fare trading con la tua testa e per conto tuo. Naturalmente sono felice se ascolti ciò che ti dico, se impari dalle mie strategie, ma il concetto di fondo è che sei qui per formarti e per formarti in maniera pratica.

Cosa devi prendere dal portafoglio? Innanzitutto le nostre analisi formative, che ti aiuteranno a capire perché scegliamo una moneta, di cosa teniamo conto, ad esempio i volumi, il grafico, il prezzo, la crescita e così via. Devi imparare il metodo secondo il quale selezioniamo le monete, devi vedere quali sono le nostre strategie di entrata e di uscita. L'obiettivo è che tu possa andare a prenderti davvero queste informazioni.

Tuttavia c'è anche qualcosa da non fare con il portafoglio. Non devi copiare senza capire. Sei libero di fare le stesse operazioni che facciamo noi, ma non farlo assolutamente se non stai capendo perché le facciamo. Perché se ad esempio entri con i tempi sbagliati, magari un'ora dopo, e non hai capito l'operazione, poi non saprai quando uscire e rischierai di andare in perdita.

Se ad esempio non segui le strategie di money management che consigliano di investire massimo il 10% del capitale, e investi di più, il 50% o il 100%, vai a rischiare veramente tanti soldi. Se la moneta cala, visto che non siamo un oracolo e non abbiamo la palla di vetro, rischi di perdere in maniera importante. Perciò prima di tutto segui le regole di base e cerca di capire le operazioni. È meglio se passi una settimana, dieci giorni, solamente a guardare, a osservare quello che facciamo e poi, se hai capito, fai una simulazione e, una volta che hai successo nella fase di simulazione, puoi passare a investire veramente in criptovalute, ma non prima.

SEGRETO n. 2: usa il portafoglio per ottenere tutte le informazioni che ti occorrono per decidere come e quando avviare un'operazione, ma non cercare di imitarne i movimenti se non hai capito i meccanismi che li regolano.

Ora voglio spiegarti come lavoriamo, com'è composto il nostro portafoglio, da dove parte e così via. Innanzitutto, qual è la composizione del capitale? Per mantenere oggettiva la crescita del capitale, come sai, noi ragioniamo sempre in dollari e quindi anche il capitale è formato in dollari. Parte dal 100% di Tether dollari. In questo modo siamo lontani dalle fluttuazioni, lontani dai crolli e abbiamo un parametro oggettivo su cui lavorare.

Ad esempio, ho 1.000 dollari, 1.000 Tether dollari di capitale, ed è da qui che parto per fare le mie operazioni. Ricordiamoci che un Tether Dollar, indicato con USDT, vale più o meno sempre 1 dollaro. Si tratta di una criptovaluta che replica il valore del dollaro e rimane costante nel tempo, ossia non segue le fluttuazioni. Il Bitcoin può crollare, ma il Tether Dollar rimane identico.

Posso comprare in Bitcoin o Ethereum? Assolutamente sì, quando compri il Ripple sei obbligato a pagare in Bitcoin o Ethereum, perché non c'è il cambio diretto con i Tether dollari. Ricorda che non è importante la moneta con cui compri, ma conta solo il valore in dollari.

Quindi, da quei 1.000 dollari ne prendi 100, li investi e li trasformi in quello che serve. Perciò, se c'è un investimento da fare, prendi al massimo il 10% del capitale. Se hai 1.000 dollari ne prendi 100 e, se la moneta è scambiata direttamente in Tether dollari, sei già pronto, ossia se devi comprare Bitcoin, Ethereum, Litecoin, NEO e le monete che sono direttamente cambiabili in Tether dollari, puoi farlo da subito. Se invece ti orienti su monete piccole, come Ripple, ADA, IOTA, allora devi prima cambiare in Bitcoin o in Ethereum, ma è ininfluente, perché tanto poi subito vai a comprare la moneta. Il movimento durerà pochi secondi, in cui passerai da Tether dollari a Bitcoin e da Bitcoin alla moneta di tuo interesse.

Ora, andiamo a vedere un po' di domande frequenti. I rally quando ci sono? Tutte le mattine? In realtà può capitare a pranzo, di pomeriggio, la sera e così via. Perché i rally partono a qualsiasi ora, non c'è un orario prefissato, le monete non vanno a dormire. Ci sono mercati in tutte le parti del mondo e sono aperti 24 ore. Quindi, anche di notte, magari in Asia, investono, fanno salire una moneta, la fanno andare in rally, oppure fanno crollare un mercato.

I rally poi finiscono a qualsiasi ora, anche lì non c'è un orario prefissato. Addirittura i rally potrebbero non esserci, magari non c'è nessuna moneta che corrisponda ai parametri. E, in caso di crollo, quando tutte le monete vanno giù, non esistono rally. Perciò, quando i rally ci sono, li seguo, decido se entrare e li condivido nel canale del portafoglio.

L'importante è che ragioni sempre con la tua testa, perché il vero problema è copiare senza capire, perché è quando non capisci che poi ti trovi in problemi che non sai gestire. Perciò non fare mai operazioni di cui non sei sicuro, specie se non coincidono, specie se non è lo stesso timing, se sei entrato tardi o se vuoi uscire troppo presto, se hai un capitale diverso, se non hai più soldi, se per fare questa operazione devi vendere una moneta. Ecco, ragiona sempre con la tua testa e con la massima lucidità.

La soluzione secondo me è studiare, formarsi, capire bene cosa si fa e fare domande. Ecco, in questo caso il Forum di supporto è un valore aggiunto per capire e per approfondire. Se hai un dubbio, meglio una domanda in più piuttosto che fare un'operazione sbagliata. Finché non ti è tutto chiaro, non fare nessuna operazione.

Il consiglio che ti do – e ho preparato per te un apposito file Excel che puoi trovare dentro al RallyClub™ – è di fare simulazione per almeno 10 giorni e comunque finché non sei pronto. Segui il portafoglio e, attraverso il file Excel, fai delle simulazioni: simuli il momento di ingresso, quello di uscita, i profitti e anche i problemi. Nel file Excel non devi scrivere a quanto è entrato il portafoglio, ma a quanto stai entrando tu in quel preciso momento. Vai sulla tua app Binance e verifica il prezzo (magari più alto o più basso) e inseriscilo nella simulazione.

Ad esempio, stai entrando a un prezzo più alto di 5 centesimi; invece di entrare a 1 dollaro, sei entrato a 1,05. Imposti un take profit virtuale a 1,25 euro, poi riguardi l'operazione e vedi che il portafoglio è uscito a 1,20. Cosa fai in questo momento? Come affronti questo imprevisto? Decidi di uscire anche tu a 1,20 e segni "vendita a 1,20". Qual è il profitto? Magari non sarà il 20%, ma il 15%, e l'operazione comunque è andata in positivo, perché hai guadagnato il 15%.

Nella simulazione puoi lavorare esattamente sugli stessi imprevisti che avresti nella realtà, ed è davvero importante. Perché se impari ad affrontarli, a capirli, a riconoscerli, con il sangue freddo, con la calma, con la tranquillità che ti dà la simulazione e il non avere soldi veri in ballo, impari il mestiere senza rischiare nulla. Insisto, è veramente molto importante.

SEGRETO n. 3: prima di fare qualunque operazione, oltre a formarti, fai delle simulazioni per un periodo di almeno 10

giorni, in cui potrai imparare a riconoscere e ad affrontare gli stessi imprevisti che troveresti nella realtà.

Quand'è che inizi a investire? Quando hai imparato a gestire il tuo capitale, a mettere solo il 10% del capitale in ogni singola operazione, a entrare e uscire correttamente, ossia a decidere se entrare in ogni momento, se entrare a un prezzo più alto o più basso, indipendentemente dal momento di ingresso. Quando avrai imparato a gestire tutti gli imprevisti, quando li avrai visti un po' tutti e, soprattutto, quando le tue simulazioni porteranno profitti, allora sarai pronto.

Infatti, se già nella simulazione le tue operazioni vanno in perdita, significa che non è proprio il caso di investire soldi reali. Aspetta, fai altre simulazioni e, se ottieni dei profitti virtuali, probabilmente sei pronto a fare quelli reali. Però ricorda sempre che, quando ci sono soldi reali, il livello di stress è più alto e nel trading la psicologia conta fino all'80%. Quindi dovrai essere doppiamente attento, freddo, sicuro e consapevole di quello che stai facendo.

SEGRETO n. 4: inizia a investire soltanto quando le tue simulazioni cominciano a portare profitti virtuali, tenendo presente che quando investi soldi reali il livello di stress è molto più elevato.

Questo è il modo migliore per investire, per seguire il portafoglio e per imparare da tutte le operazioni di successo, dagli errori, dalle decisioni e dalle strategie di entrata e di uscita.

Adesso sei pronto a iniziare con la simulazione, perciò, buon Rally Trading!

RIEPILOGO DEL CAPITOLO 8:

- SEGRETO n. 1: osservando i movimenti del portafoglio del RallyClub™ usufruirai di una vera e propria formazione pratica, essenziale per comprendere davvero i meccanismi del trading sulle criptovalute.

- SEGRETO n. 2: usa il portafoglio per ottenere tutte le informazioni che ti occorrono per decidere come e quando avviare un'operazione, ma non cercare di imitarne i movimenti se non hai capito i meccanismi che li regolano.

- SEGRETO n. 3: prima di fare qualunque operazione, oltre a formarti, fai delle simulazioni per un periodo di almeno 10 giorni, in cui potrai imparare a riconoscere e ad affrontare gli stessi imprevisti che troveresti nella realtà.

- SEGRETO n. 4: inizia a investire soltanto quando le tue simulazioni cominciano a portare profitti virtuali, tenendo presente che quando investi soldi reali il livello di stress è molto più elevato.

Conclusione

Questo libro è solo il primo passo. Probabilmente ti sei affacciato al mondo delle criptovalute da pochi giorni o da pochi mesi. E sei partito in quarta con il metodo attualmente più efficace nel mondo del trading in criptovalute.

Non il solito metodo preso da altri settori come il Forex o dall'analisi tecnica tradizionale, ma una vera e propria innovazione nata e sviluppata nel mondo delle cripto.

Ma un libro non potrà mai sostituire la pratica. E il trading è soprattutto pratica. Quando sarai di fronte al tuo computer o al tuo smartphone, con il tuo exchange aperto e con tutte le monete che si muovono rapide, le emozioni in ballo saranno tantissime.

Ci sono degli schemi? Sì.
Li puoi riconoscere? Sì.
È tutto facile? No

Almeno non da solo. Hai bisogno di imparare a selezionare le monete, a capire qual è il momento giusto per entrare. Hai bisogno di sapere qual è il momento giusto di uscire, perché non è facile uscire mentre sei dentro a un investimento.

Perché, quando stai guadagnando, c'è quel fattore di avidità, che abbiamo un po' tutti nella testa, per cui pensi che continuerà a salire e non vuoi rinunciare a guadagnare di più.

Ma d'altra parte il trading si fa a mente fredda e devi decidere prima quando uscire, devi saperlo prima. E devi saper gestire i problemi, devi sapere cosa fare se cade, se scende, se sale, se sale e poi riscende, se crolla del tutto. La capacità di saper gestire i problemi è la prima cosa che devi imparare.

Hai bisogno di una serie di informazioni. Hai bisogno di formazione di base sul Bitcoin. Hai bisogno di formazione specifica sul Rally Trading. E poi hai bisogno di aggiornamenti continui, perché non ti basta un libro o un videocorso. Impari un mestiere e poi, dopo un mese, il mondo è cambiato, perché in questo settore veramente le cose cambiano di continuo e posso dirti che negli ultimi 6 mesi sono già cambiate tantissimo. Hai bisogno di aggiornamenti continui, neanche mensili, ma quotidiani.

Hai bisogno di un contatto diretto, hai bisogno di un gruppo dove confrontarti e soprattutto hai bisogno di fare pratica. Perché la teoria va bene, i videocorsi sono fatti bene, però poi bisogna mettere in pratica, agire, fare davvero le cose e quindi ottenere risultati concreti.

E da qui è nato il RallyClub™:
http://www.rallytrading.it/club

Il RallyClub™ è lo strumento che noi utilizziamo per formarci, per confrontarci, per imparare dagli errori, per monitorare le opportunità, per scovare nuove monete. L'obiettivo è proprio quello di formarti: voglio insegnarti un metodo, voglio insegnarti una strategia, non voglio dirti fai così, compra qua, compra di là, perché non mi piace e voglio che ti assumi la responsabilità di quello che fai e che capisci quello che fai. Quindi, quello che facciamo è formazione all'interno del nostro club per imparare, per monitorare, per confrontarci. Cosa ti diamo?

1. Videocorso completo su Bitcoin e cripto

Include tutti i tutorial passo passo, i siti sicuri su cui aprire i tuoi account, con tutti i passaggi step by step.

2. Videocorso avanzato sul Rally Trading

Il video-corso avanzato sul Rally Trading con le strategie

141

specifiche del rally. Non solo i tutorial passo passo, ma anche come selezionare le monete, le monete che stanno per esplodere, le monete in rally. Qui vediamo quali sono le strategie di entrata e di uscita, strategie che abbiamo messo a punto dopo mesi di esperienza di centinaia di persone, dopo un lavoro di gruppo condiviso in cui abbiamo visto anche pregi e difetti del metodo, dove abbiamo ottimizzato le cose, abbiamo monitorato quelle che sono le strategie migliori per farti ottenere un risultato.

3. RallyForum: il forum di discussione su Facebook

Un forum di discussione perché anche il confronto è importante. Il RallyForum è stato da subito un grande successo. Perché? Perché le persone postano le loro domande e ricevono decine di risposte dai membri del gruppo, dai moderatori, dagli amministratori, da trader esperti. Oppure, puoi segnalare una moneta, perché hai visto una moneta che secondo te è in rally e vuoi sapere cosa ne pensano gli esperti: la posti sul forum e ricevi una risposta con varie opinioni. Quindi puoi farti un'idea veramente precisa e puoi imparare tu stesso a mettere in pratica e a capire se stai lavorando bene.

4. Canale Telegram Rally Trading™

E ancora, hai il canale Telegram privato con il Portafoglio Rally Trading, dove vengono postate tutti i giorni le analisi formative sulle criptovalute che rispondono ai parametri del rally.

Cosa facciamo tutte le mattine? Prendiamo le varie monete che rispondono ai parametri, che hanno il grafico laterale, che hanno certe percentuali di crescita, dei volumi minimi e le andiamo a mettere sul piatto. E ti mostriamo proprio come noi selezioniamo le monete, in modo che anche tu possa imparare a selezionare le tue monete. La cosa bella è che analizziamo nel profondo, facciamo l'analisi cripto-tecnica, che non esiste in nessun altro mondo del trading. Analizziamo i grafici a un giorno, un'ora, quindici minuti. Andiamo a fare questa selezione, questo studio approfondito per farti imparare il metodo.

È al 100% formazione. Noi non diamo i segnali, non ti diciamo "compra adesso a 3 euro, vendi adesso a 5 euro", perché non è questo il nostro scopo. Il nostro scopo non è di darti il pesciolino, è quello di insegnarti a pescare.

Facciamo le analisi, condividiamo le nostre scelte e tu puoi decidere in totale autonomia, liberamente e responsabilmente se vuoi comprare, se vuoi vendere ecc. Ovviamente hai un videocorso che ti insegna quali sono le strategie di entrata e di uscita. Devi solo metterle in pratica, perché sono quelle che al momento stanno funzionando meglio, sono le più efficaci in assoluto. E anche se hai solo 100 euro da investire, funzionano. E i risultati a me piace portarli a tutti.

Qui vedi alcuni screenshot tratti dal RallyClub™.

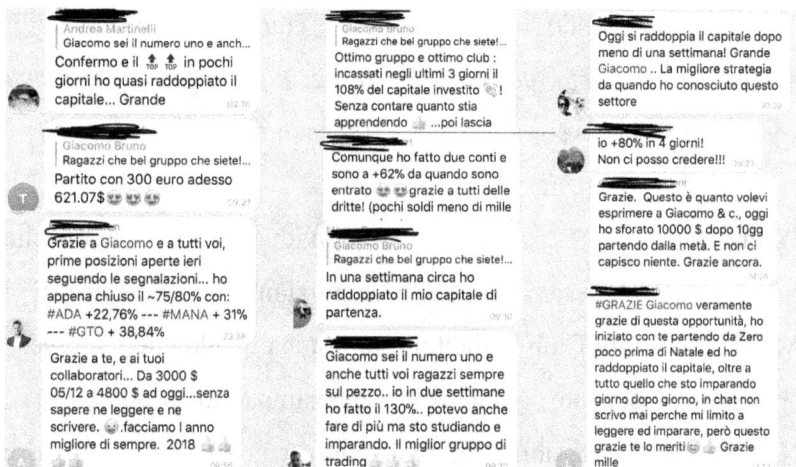

Chi scrive che in pochi giorni ha "raddoppiato il capitale". Chi è partito da 300 dollari e ora ne ha 621. Chi ha fatto il 75% in 24 ore. Da 3.000 a 4.800 dollari. Chi ha fatto il 108% negli ultimi 3 giorni. Chi +62% da quando è entrato. Chi ha raddoppiato il capitale in una settimana. Chi il +130% in due settimane. Ancora, chi ha raddoppiato dopo meno di una settimana. O +80% in 4 giorni. Da 5.000 a 10.000 dollari in 10 giorni.

E attenzione, non è una selezione delle migliori testimonianze o di un periodo storico particolarmente favorevole. Se guardi la storia del Bitcoin, ha iniziato il grande calo proprio da metà dicembre 2017, cioè da quando il metodo di Rally Trading è partito. Quindi, *nonostante il vento contrario e il periodo avverso, abbiamo performato come nessun altro investitore in tutto il mondo.*

Perché funziona? Perché abbiamo individuato degli schemi che funzionano a prescindere dalle condizioni del mercato. E i Membri del RallyClub™ mettono in pratica quello che viene loro spiegato e insegnato, quello che hanno imparato in questi mesi. Nel Club hai la possibilità di confrontarti con gli altri per chiarire qualsiasi dubbio tu possa avere o per capire, per esempio, se hai scelto le monete corrette, confrontandoti quindi sulle monete che tu stesso hai individuato. Questo è veramente importante per fare pratica e imparare.

E se arrivi tu e non guadagni? Probabilmente ce l'hai nella testa questa domanda. «Eh sì, ok funziona, ok studio, ma se non riesco? Se poi non guadagno? Se non sono soddisfatto?» Bene, hai una garanzia di rimborso al 100%. Ti prendi 14 giorni di tempo per studiare e fare tutte le tue valutazioni e, se non sei soddisfatto al 100%, se non stai guadagnando, o se semplicemente cambi idea, ci mandi un'email o ci mandi un ticket dalla tua area utente, cancelliamo il tuo abbonamento, ti rimborsiamo i soldi e sei completamente libero. Ti sei visto i videocorsi gratis, hai imparato un metodo nuovo e non hai perso i soldi del tuo abbonamento.

Ti rimborsiamo al 100% e sai perché? Perché a parte il solito furbetto di turno che chiede rimborsi "di mestiere", le persone sono sempre estremamente soddisfatte del nostro lavoro. Il metodo funziona, perché sono le strategie migliori che ci sono sul mercato e perché ti insegniamo a gestire molto bene i rischi.

Una delle strategie che ad esempio insegniamo alle persone è quella di non investire mai più del 10% del capitale che hanno messo da parte. Premesso che quel capitale deve essere composto da soldi che non hai paura di perdere, che non ti servono per vivere, che non servono alla tua famiglia, questo è fondamentale.

500 euro, 1.000 euro, 100 euro, 10.000 euro... quale sarà la tua somma dipende da te, dalle tue possibilità, ma puoi fare trading con qualsiasi cifra. Ma se hai ad esempio 1.000 euro, su ogni operazione non investirai mai più di 100 euro, in modo che non avrai mai paura di perdere tutto il tuo capitale. Perché una moneta può fare -10%, -20%, -30%, ma se tu hai investito solo un decimo del capitale, è come se avessi perso solo l'1/2/3%. Quindi anche lì andiamo a fare in modo di gestire il rischio in maniera consapevole. Perché ti vogliamo insegnare a far le cose fatte bene.

Una fase fondamentale consiste nel fare tanta simulazione all'inizio. Prima di tradare criptovalute, verifica, fai simulazione. È una delle cose più importanti, vogliamo che le persone non perdano soldi perché siamo allineati sull'obiettivo che è di formarti e aiutarti a guadagnare. A costo di rimetterci noi i soldi della garanzia "soddisfatti o rimborsati", vogliamo portarti al risultato.

Non solo, hai la libertà totale, quindi ti cancelli quando vuoi. Puoi rimanere nel club anche solo un mese. Quindi puoi fare un mese di prova, pagando solo la quota del primo mese. Ti fai tutti i videocorsi, videocorso base, videocorso avanzato, Rally Trading, partecipi al forum, segui il canale Telegram, metti in pratica. Se a fine mese non sei soddisfatto, non sei contento, non ti va di continuare, pensi che le cripto non facciano per te, nessun problema, ti cancelli quando vuoi. Insomma, non hai nessun obbligo minimo. Conosco dei siti dove se ti abboni poi devi rimanere abbonato dodici mesi, sei mesi. Da noi ti cancelli in qualsiasi momento. Perché, o sei soddisfatto, o è inutile che stai con noi. Quindi vogliamo che tu sia soddisfatto, è il nostro intento primario.

Poi, cosa facciamo? Condividiamo le nostre analisi. Le nostre analisi formative, il portafoglio per insegnarti in tempo reale come selezionare le monete. Visto che noi facciamo trading per primi con i nostri soldi, quando selezioniamo le monete semplicemente condividiamo queste analisi, in modo che tu possa essere formato su come selezionare le monete, scegliere, analizzare, capire quali sono le monete che vanno bene e capire quali non vanno bene. Quindi quali sono pregi e difetti di tutte le monete.

Cosa ricevi esattamente con il RallyClub™? L'accesso online all'area utente con tutti i tutorial e il videocorso sui Bitcoin, il videocorso avanzato sul Rally Trading, gli aggiornamenti mensili e quotidiani, i video che postiamo sul gruppo e tanto altro ancora.

C'è il RallyForum, il gruppo Facebook nel quale hai un accesso immediato per fare tutte le domande, per segnalare monete o altro, ma soprattutto hai il canale Telegram con tutte le analisi formative in tempo reale.

Dubbi sul valore? Pensa già solo a quanto valore ti ho dato con questo libro. Il fatto di comprare Bitcoin non da Coinbase ma da Gdax ti permette di risparmiare in media 410 euro per ogni acquisto di Bitcoin. E non vai a buttare un sacco di soldi in tariffe con Coinbase. Quindi già solo questo è un valore immediato che corrisponde a 4 mesi di abbonamento al RallyClub™.

Ti aspetto, è il momento giusto di entrare nel club, perché formarsi è fondamentale, perché non puoi ignorare un'opportunità del genere e perché hai perso già parecchi treni.

In questi mesi abbiamo fatto dei risultati incredibili, delle performance straordinarie e quindi non è giusto che tu perda tutto questo. Vieni a formarti perché è un'opportunità importante; poi, una volta che avrai tutte le informazioni per fare trading o per fare quello che vuoi fare con il Bitcoin e le criptovalute, deciderai in piena autonomia.

Registrati adesso, clicca sul link e inserisci i tuoi dati per accedere subito al RallyClub™. Noi ci vediamo dentro e iniziamo da subito a lavorare. Ti do già il benvenuto, sin da ora.

Ci vediamo nel RallyClub™, nel RallyForum e nel canale Telegram Rally Trading!
http://www.rallytrading.it/club

A presto!

Iscriviti al RallyClub™

http://www.rallytrading.it/club

www.ingramcontent.com/pod-product-compliance
Lightning Source LLC
Chambersburg PA
CBHW061323220326
41599CB00026B/5014